시사중국어사

최신판

중국어능력시험

新CPT®

기출문제집 ③

중국언어연구소 출제·해설 / 총괄감수 **김현철** 교수

문제집

🕮 시사중국어사

감수   김현철
연세대학교 중어중문학과 교수 겸 중국연구원, 공자아카데미 원장
중국언어연구소 소장
한국 중국어문학연구회 부회장
한국중국어교육학회 고문 겸 한국외국어교육학회 수석부회장
중국 〈漢語學報〉 편집위원
중국 中文敎學現代化學會 이사

해설   중국언어연구소

중국어능력시험 新 CPT 기출문제집 3 문제집

초판인쇄	2017년 9월 30일
초판발행	2017년 10월 10일

출제	중국언어연구소
펴낸이	엄태상
책임편집	김태용
디자인	진지화
마케팅	이상호, 오원택, 이승욱, 전한나, 왕성석
온라인	마케팅 김마선, 심유미, 유근혜

펴낸곳	시사중국어사
주소	서울시 종로구 자하문로 300 시사빌딩
주문 및 교재문의	1588-1582
팩스	(02)3671-0500
홈페이지	http://www.sisabooks.com
이메일	sisachinabook@hanmail.net
등록일자	1988년 2월 13일
등록번호	제1 - 657호

ISBN 979-11-5720-085-6 13720

구성

문제집

모의고사 1회 ⋯⋯⋯⋯⋯⋯⋯⋯⋯⋯⋯⋯⋯⋯⋯⋯⋯ 5

OMR 카드 ⋯⋯⋯⋯⋯⋯⋯⋯⋯⋯⋯⋯⋯⋯⋯⋯⋯⋯ 43

해설집

응시가이드 ⋯⋯⋯⋯⋯⋯⋯⋯⋯⋯⋯⋯⋯⋯⋯⋯⋯ 4

모범답안 ⋯⋯⋯⋯⋯⋯⋯⋯⋯⋯⋯⋯⋯⋯⋯⋯⋯⋯ 11

듣기해설 ⋯⋯⋯⋯⋯⋯⋯⋯⋯⋯⋯⋯⋯⋯⋯⋯⋯⋯ 12

독해해설 ⋯⋯⋯⋯⋯⋯⋯⋯⋯⋯⋯⋯⋯⋯⋯⋯⋯⋯ 48

중국어실용능력시험

CPT®

Chinese Proficiency Test

- 청해문제   1~ 50．500 점 40 분．
- 독해문제   51 ~100．500 점 50 분．

수험번호	
한글이름	
영문이름	

주의────────────
1. 시험 개시의 지시가 있을 때까지는 문제지를 열지 마십시오.

2. 이 문제지는 시험이 끝나면 시험관에게 반드시 제출하여 주십시오.

3. 이 문제지는 모두 40 페이지로 구성되어 있습니다.

4. 이 문제의 저작권은 시사중국어사가 가지고 있으며, 이 문제의 전부
   혹은 일부의 무단복제 및 전재는 법률로 금하고 있습니다.

第一部分

根据试卷上的照片，从 A、B、C、D中选择一个正确答案。

好，先练习一下。

（例） 

正确答案是C。

这是例题，不用写答案。从第1题开始，请把答案写在答卷上。

现在开始

1.

2.

3.

4.

5.

6.

7.

8.

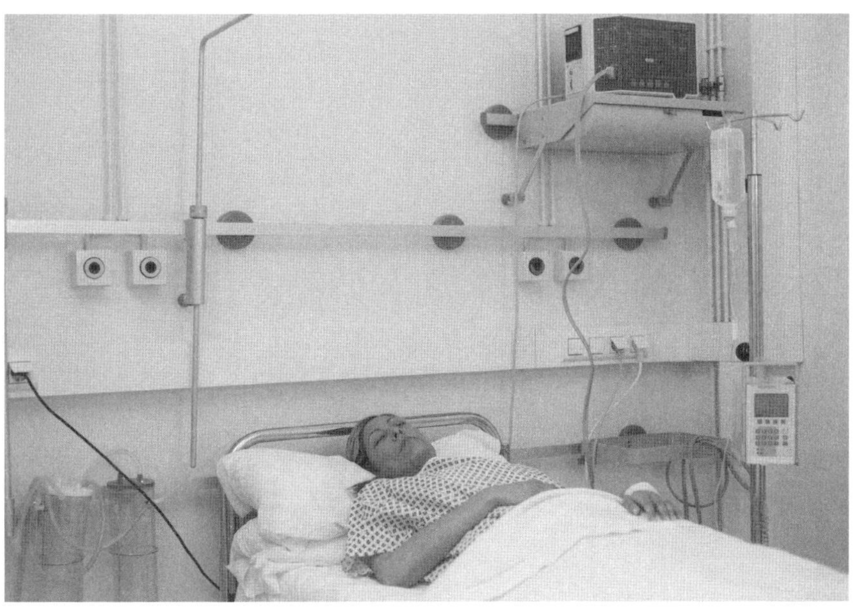

9.

10.

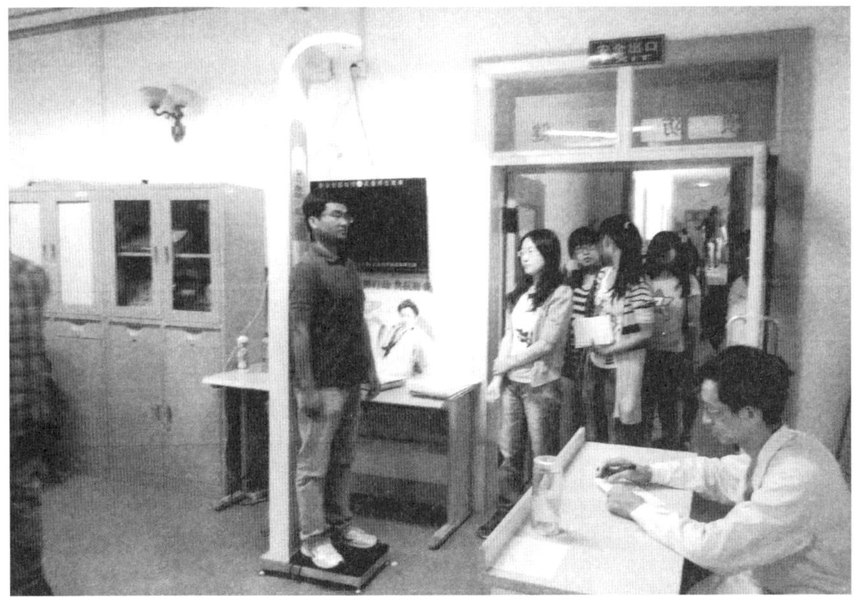

第二部分

A、B、C、D 中选择一个正确答案，完成对话。

先练习一下。

（例）

正确答案是 C。

这是例题，不用写答案。

从第11题开始，请把答案写在答卷上。

好，现在开始。

11.　　请在 A、B、C、D 中选择唯一正确的选项。
12.　　请在 A、B、C、D 中选择唯一正确的选项。
13.　　请在 A、B、C、D 中选择唯一正确的选项。
14.　　请在 A、B、C、D 中选择唯一正确的选项。
15.　　请在 A、B、C、D 中选择唯一正确的选项。
16.　　请在 A、B、C、D 中选择唯一正确的选项。
17.　　请在 A、B、C、D 中选择唯一正确的选项。
18.　　请在 A、B、C、D 中选择唯一正确的选项。
19.　　请在 A、B、C、D 中选择唯一正确的选项。
20.　　请在 A、B、C、D 中选择唯一正确的选项。

第三部分

听对话，从A、B、C、D中选择一个正确答案。

先练习一下。

（例）

A　一层

B　六层

C　七层

D　三层

正确答案是B。

这是例题，不用写答案。

从第21题开始，请把答案写在答卷上。

好，现在开始。

21.　A　上海　　　　　　　　　B　苏州
　　　C　北京　　　　　　　　　D　机场

22.　A　朋友生病了　　　　　　B　她的车坏了
　　　C　修电话　　　　　　　　D　朋友的车坏了

23.　A　两点　　　　　　　　　B　三点
　　　C　两点半　　　　　　　　D　五点

24.　A　开会　　　　　　　　　B　上课
　　　C　去饭店吃饭　　　　　　D　打电话

25.　A　中午十二点　　　　　　B　下午四点
　　　C　晚上六点　　　　　　　D　早上八点

26.　A　人行横道上　　　　　　B　飞机里
　　　C　出租车里　　　　　　　D　公共汽车里

27.　A　去跑步　　　　　　　　B　去邮局
　　　C　下班　　　　　　　　　D　回家

28.　A　手续费是100块
　　　B　具有美金结算功能
　　　C　信用额度是5000块
　　　D　是一卡双币种

29. A 早饭要像午饭
    B 晚上要吃得饱一些
    C 中午要吃得少一些
    D 早饭要吃好

30. A 和对方商谈合同
    B 和对方签订合同
    C 请对方修改合同
    D 请对方传真合同

31. A 手机、汽车、房地产
    B 手机、房地产、汽车
    C 房地产、手机、汽车
    D 房地产、汽车、手机

32. A 1997年就开始炒股了   B 没有炒股经验
    C 只经历过熊市   D 只经历过牛市

33. A 坐船   B 坐飞机
    C 还没决定   D 坐火车

34. A 重办存折   B 办理销户
    C 存款   D 支付到期的账款

35. A 2天   B 5天
    C 7天   D 9天

第四部分

一边听短文或者长对话，一边看问题。没段短文有2到3个问题。从
A、B、C、D中选择一个正确答案。

先练习一下。

（例）

1. 短文中没有说到什么东西？
    A 生活用品
    B 书
    C 食品
    D 邮票

2. 这里的"关门"是什么意思？
    A 关上门
    B 商店不能开门
    C 晚上不能开门
    D 停止营业

第一个问题的正确答案是 B，第二个问题的正确答案是 D。
这是例题，不用写答案。
从第36题开始，请把答案写在答卷上。
好，现在开始。

36-37

36. A 下午五点半以后 B 星期天早上九点
    C 星期六下午两点 D 中午十二点

37. A 星期一 B 星期六
    C 星期天 D 无休息日

38-39

38. A 从行李架取物品 B 打开行李架
    C 解开安全带 D 坐在座位上

39. A 外面温度为零下八摄氏度
    B 取物品的时候要注意安全
    C 交运的行李到中转柜领取
    D 需要在本站转机的乘客到行李提取处办理

40-41

40. A 东莞 B 成都 C 杭州 D 宁波

41. A 《财富》中文版2005年进入中国
    B 《财富》中文版经中询公司独家授权
    C 今年上榜的前十名城市中新面孔不多
    D 《财富》中文版是全球高级经理人的首选读物

42-44

42. A 波兰 B 俄罗斯 C 日本 D 南非

43. A 面料高贵 B 工艺精湛 C 现代化生产 D 时尚和经典

44. A 强化内部管理 B 生产
    C 销售 D 营销

45-47

45.　A　外国的乳品企业缺乏奶源
　　　B　对中国消费者的有效消费支出估计不足
　　　C　管理成本过高
　　　D　长久的价格战

46.　A　5%左右　　　　　　　　B　不低于8%
　　　C　只有3%　　　　　　　　D　2.6%

47.　A　把注意力放在技术更新上
　　　B　把注意力放在产品的升级换代上
　　　C　盲目扩大生产规模
　　　D　掌握消费者的需求及变化

48-50

48.　A　用里程换取免费机票或提升舱位等级
　　　B　用里程换取会员卡
　　　C　用里程可换取增加舱位
　　　D　用里程可以住宿和购物

49.　A　第一次乘坐该航空公司的飞机时
　　　B　成为航空公司"常旅客"时
　　　C　拿到会员卡和专用卡号时
　　　D　成为高级会员时

50.　A　酒店消费　　　　　　　B　租车消费
　　　C　打电话　　　　　　　　D　信用卡消费

听力测试到此全部结束。
全部考试还没有完，请从第五部分开始继续往下做。

从A、B、C、D四个选项中选择最合适的一个填在横线上。

51. 除了小王，大家____会参加这次活动。

    A 才   B 再   C 都   D 只

52. 雨下得这么大，他____不会来了。

    A 可否   B 可是   C 可能   D 可以

53. 他的汉语不是很好，____是口语，还不能用汉语和中国人熟练地交流。

    A 尤其   B 当然   C 不过   D 然而

54. 我经历了几次找工作的失败，今天终于____了被录用的甜头。

    A 遇到   B 受到   C 达到   D 尝到

55. 在他们眼里，没有什么职业比做演艺明星____能出人头地的了。

    A 更   B 最   C 很   D 也

56. 听到飞机坠毁的消息后，我脑子里____一片空白，半天说不出一句话来。

    A 及时   B 顿时   C 随时   D 准时

57. 六年间，我国粮食总产量和农业总产值翻了一____，农民人均
    纯收入增长5.8倍。

    A 次　　　　　B 届　　　　　C 番　　　　D 栋

58. 据报道，与朋友聊天、玩游戏等脑力活动的确会使人产生疲惫
    感，但并不会____过多能量。

    A 消耗　　　　B 消除　　　　C 消灭　　　D 消费

59-60.

公　告

　　59 给大家提供更加方便、快捷、优质的服务，中国电信国际漫
游服务热线预计于北京时间3月7日00:00至次日05:00进行系统维护。

　　在此 60 ，您可能无法通过客服热线获取服务，固话宽带手机套
餐等业务请拨打当地10000号。由此给您带来的不便，我们深表歉意，
敬请谅解！

中国电信股份有限公司
2014年3月5日

59.　A 因为　　　　B 对于　　　　C 为了　　　　D 至于

60.　A 期限　　　　B 期间　　　　C 其中　　　　D 其时

第六部分

请选出最恰当的句子。

61.　A　学汉语现在很多的人。

　　　B　现在学汉语的人很多。

　　　C　人学很多的现在汉语。

　　　D　很多学现在汉语人的。

62.　A　他跟女朋友一起去上海。

　　　B　他跟女朋友去上海一起。

　　　C　他女朋友一起去上海跟。

　　　D　他女朋友一起跟上海去。

63.　A　很有意思的故事他讲。

　　　B　有意思的故事他很讲。

　　　C　他讲的故事很有意思。

　　　D　讲他故事有意思的很。

64.　A　参加这次比赛资格他没有。

　　　B　没有参加这次比赛他资格。

　　　C　这次比赛他参加没有资格。

　　　D　他没有资格参加这次比赛。

65.　A　癌症是导致主要因素的饮食不当。

　　　B　是导致癌症的主要因素饮食不当。

　　　C　导致癌症是饮食不当的主要因素。

　　　D　饮食不当是导致癌症的主要因素。

66. A 昨天他一场电影去看了。
    B 昨天他去看了一场电影。
    C 昨天他看了电影去一场。
    D 昨天他看了去电影一场。

67. A 妈妈嘱咐再三我要当心。
    B 妈妈再三要嘱咐我当心。
    C 妈妈再三嘱咐我要当心。
    D 妈妈嘱咐要我当心再三。

68. A 感动了小李真诚的态度被他。
    B 他被小李真诚的态度感动了。
    C 真诚的小李被态度感动了他。
    D 小李被态度感动了真诚的他。

69. A 一个人从车上下来走了这时。
    B 一个人从车上这时下来了走。
    C 这时从车上走下来了一个人。
    D 这时一个人下来走了从车上。

70. A 拿出礼物小李为妻子精心准备的。
    B 拿出小李精心准备的礼物为妻子。
    C 小李拿出为妻子精心准备的礼物。
    D 小李精心准备的礼物为妻子拿出。

第七部分

请选出与下面图片上内容一致的一项。

71.

A　这是一个俱乐部招聘广告。

B　此活动的报名期限为一个月。

C　此俱乐部的主要活动是赛马和桌球。

D　加入此俱乐部就可以获得奖金2000元。

72.

A　广州市的区号是020。

B　中国铁通的总公司在广州。

C　朱凯标的联系电话是020-61820368。

D　如果发生故障时，应拨打朱凯标的手机。

73.

A　此券当日即可使用。

B　应在付款后出示此券。

C　此券无须盖章即可使用。

D　消费200元以上时可使用此券。

74.

A　此证书持有者的专业是英文系。

B　此证书的颁发日期是2005年1月。

C　此证书持有者的入学时间是2003年。

D　此证书持有者是于2005年3月1日参加的考试。

75.

A　此次活动全体会员都可以参加。

B　购买中小学参考书可享受9折优惠。

C　此次活动到4月11日凌晨一点为止。

D　生活类图书和科技类图书的折扣优惠不同。

76.

呐　喊

鲁　迅 著

责任编辑 / 张红梅　张　芸

装帧设计 / 小　贾

北京燕山出版社出版发行

北京市宣武区陶然亭路 53 号　邮编 100054

全国新华书店经销

三河市北燕印装有限公司印制

开本 915 x 1220　1/32　印张 7　字数 200,000

2011 年 2 月第 3 版　2013 年 1 月第 6 次印制

定价: 15.00 元

版权所有　　盗版必究

A　此书的作者是张红梅、张芸。
B　此书第3次印刷的时间是2011年2月。
C　此书是由三河市北燕印装有限公司印刷制作。
D　此书是由全国新华书店代销。

77.

中华人民共和国机动车驾驶证副页

证号 4302▓▓▓▓▓▓▓▓

姓名 ▓▓▓▓▓▓　　　档案编号 4302002▓▓▓45

记录 2012年09月28日起准许驾驶校车，准驾车型B1。

审验有效期至 2013 年 03月 06日（湘B）

清于2015年03月06日前九十日内申请

换领新驾驶证。

43X0005829312

A　持此驾驶证可以驾驶车型B1。

B　持此驾驶证的人不能驾驶校车。

C　2015年3月6日之后需换领新驾驶证。

D　此驾驶证审验有效期到2012年3月6号为止。

78.

A　在变电站生产场区内可以吸烟。

B　只有进行高处作业时才必须要系安全带。

C　与所有带电设备应保持1.5米的安全距离。

D　进入变电站高压设备场区时，应戴好安全帽后翻越围栏。

79.

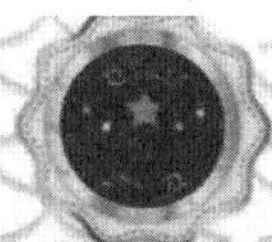

A　此生产许可证是正本的复印件。

B　此许可证于2016年9月12日届满。

C　连云港诺信公司主要生产食品和饲料添加剂。

D　此许可证的持有者是江苏省质量技术监管局。

80.

A　这是一家个体餐饮店的招聘广告。

B　储备店长必须要有中专以上学历。

C　待遇问题在公司提供培训时进行面谈。

D　应聘者可以向店长咨询有关的详细信息。

81.

A　此卡的使用有效期至2010年9月1日。

B　支架不属于海尔一体式太阳热水器的主部件。

C　2008年购买的海尔一体式太阳热水器也能享受此服务项目。

D　6年包修只适用于用作非商业用途的海尔一体式太阳热水器。

82.

A　电话订票不提供改签和退票服务。

B　拨打订票热线可以订购当天的车票。

C　儿童票、学生票也可通过拨打免费订票热线预订。

D　港澳台居民也可凭身份证电话订购车票。

83.

A　九阳料理机使用时必须加入水。

B　九阳料理机拥有全自动清洗程序。

C　九阳料理机最高转速为每分钟2300转。

D　九阳料理机最大的优点是不产生噪音。

84.

体检须知

为做好体检工作
请按照如下程序进行

1、体检前 2 日不饮酒, 体检日早晨空腹。女性体检要保持膀胱充盈（做妇检 B 超用）

2、门诊一楼体检科测身高, 体重, 测血压, 开化验检查单。

3、门诊一楼化验室抽血, 留大小便标本（女性要先做 B 超后化验小便）

4、住院部内科楼一楼, 心电图, B 超, x 线检查。

5、体检结束, 检查报告由体检科统一收集整理。建立健康档案, 做体检结论, 通知体检者本人。

A　做妇检B超是需要适当积尿。

B　测血压、抽血、做B超都在门诊一楼进行。

C　无论男女都必须先做B超后化验小便。

D　体检者在体检结束后即可拿到体检报告。

85.

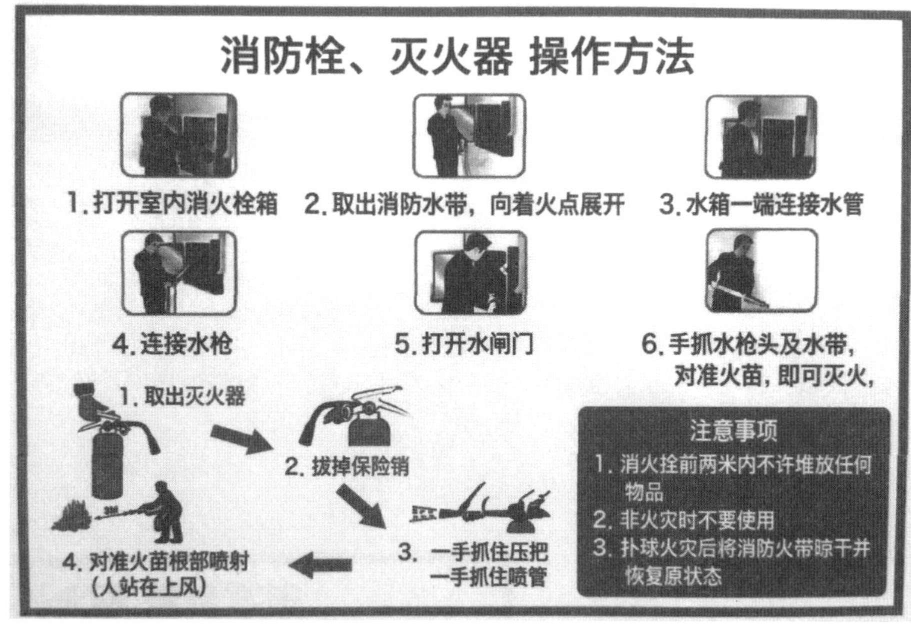

A　使用灭火器时应对准火苗上部进行喷射。

B　使用消火栓时应与着火点保持两米以上的距离。

C　使用消火栓后应立即将消防火带放回原来的位置。

D　使用灭火器时须先拔掉保险销，然后一手握住压把，
　　一手握住喷管。

第八部分

阅读下列短文，然后从 A、B、C、D 四个答案中选择一个最合适的。

86-87.

　　电子机票也称电子客票客服，是纸质机票的电子形式，是一种电子号码记录。电子机票将票面信息存储在订座系统中，可以像纸票一样执行出票、作废、退票、改签等操作。电子机票依托现代信息技术，实现无纸化、电子化的订票、结账和办理乘机手续等全过程。电子机票可以通过网络或者电话预订、购买。选择购票网站和机构，一定要是具有合格资质的单位。最好能够查看到是否具有正规的机票代理销售资格，是否有公司的备案信息。预订电子客票以后，可以通过现金、转账、支票、网络等方式支付，具体的支付方式是预订机构的情况而定。最为便捷的方式就是网上银行和第三方支付软件。

86.　关于电子机票说法正确的是：

　　A　也称为纸质机票

　　B　不能执行改签操作

　　C　可以凭此办理乘机手续

　　D　只能通过网络预订

87.　下面选项中，不属于电子机票的支付方式的是：

　　A　现金支付　　　　　　B　手机支付

　　C　支票支付　　　　　　D　网上支付

88-89.

　　国际及港澳台长途功能仅限全球通、动感地带、神州行升级版标准卡、畅听卡、5元卡、家园卡、无线座机卡客户办理。

　　全球通客户满足以下条件之一，可免预存开通，否则在开通此服务时，需要预存500元话费：您的号码累计积分达到5000分；您的号码近三个月内没有欠费停机且未办理过停机保号；您是全球通俱乐部会员或您名下的其它全球通号码具备免预存开通国际业务条件。2014年6月1日起，信用服务等级为3级及以上的客户，也可免预存开通此服务。

　　已实名制的动感地带、神州行客户手机账户总余额需大于或等于100元，未实名制客户手机账户总余额需大于或等于200元。2014年6月1日起，信用服务等级为3级及以上的预付费客户，可以免账户余额限制开通国际及港澳台长途功能。

　　国际及港澳台长途与国际及港澳台漫游、短期国际及港澳台漫游等业务无法同时办理。

88.　下面选项中，适合做文章标题的一项是：
　　A　国际及港澳台长途产品介绍
　　B　国际及港澳台长途办理条件
　　C　国际及港澳台长途办理方式
　　D　国际及港澳台长途资费标准

89.　全球通俱乐部会员办理国际及港澳台长途功能业务时：
　　A　可免预存开通
　　B　可获得积分5000分
　　C　信用服务等级可自动升为3级
　　D　可同时办理国际长途和国际漫游业务

90-92.

驾驶证考试

一、报考内容

考试科目包括交通法规及相关知识、场地驾驶、道路驾驶等三项。考试科目的顺序按交通法规及相关知识（简称科目一）、场地驾驶（简称科目二）、道路驾驶（简称科目三）依次进行。在考试过程中，前一科目不及格，以下科目不再进行，每个科目考试有两次机会，两次都没有及格，本次考试终止。在学习驾驶证有效期间可以上交补考费用，学习之后再进行考试。

对于补考费用的介绍，补考费所交的费用是不一样的，科目一是60元，科目二是120元，科目三是180元。参加完科目一考试之后，三年之内应该通过科目二，科目三考试，如果不能通过，所考的内容作废，应该重新报名参加科目一考试。新考规之后，科目二、三均为五次机会，如在五次机会内不能通过考试之后，重新参加科目一考试。

二、合格标准

1. 科目一：笔试，100分为满分，90分以上为合格。

2. 科目二：场内，实车。只分合格和不合格。实行5项必考，包括桩考，侧方位停车，坡道定点停车和起步，直角拐弯，曲线行驶。五项必考项目全部通过，才能通过科目二考试。

3. 科目三：公路或模拟场地，实车。考试全部实行电子眼监控考试，路考考试更加公正。自2013年1月1日新交规实施以来，考试增加了灯光使用考试、左右拐弯以及通过人行横道等项目，路考之后增加安全文明驾驶常识理论考试，与科目一不同的地方就是增加了图片分析、判断。考试有50道题，每道题2分。满分100分，90分及以上合格。

90. 新考规之后，道路驾驶考试有几次机会：
A 两次　　　　　　　　　　B 三次
C 四次　　　　　　　　　　D 五次

91. 场地驾驶考试不包括的项目是：
A 左右拐弯　　　　　　　　B 曲线行驶
C 直角拐弯　　　　　　　　D 侧方位停车

92. 关于驾驶证考试说法正确的是：
A 驾驶证考试的总费用是360元
B 所有考试科目都是90分以上合格
C 道路考试之后将会进行一次理论考试
D 参加完场地驾驶考试后应在三年内通过道路考试

93-94.

　　圆圆和晶晶是两个非常喜欢画画的孩子。圆圆妈妈给了圆圆一叠纸，一捆笔和一面墙，她告诉圆圆：“你的每一张画都要贴在墙上，给来我们家的客人看；而晶晶妈妈却给了晶晶一叠纸，一捆笔和一个纸篓，她告诉晶晶她所有的画都必须扔进纸篓，不论他满意还是不满意。三年之后，圆圆办了一个画展，一墙的画，人人见了都赞扬，而晶晶却不能办展览，因为她只有一纸篓的画，满了就倒掉。三十年之后，人们对圆圆一墙一墙的画已不感兴趣，而晶晶的画却横空出世，震惊了画坛。人们把圆圆贴在墙上的画撕下来，把晶晶的画贴上去了。

　　我从中读到了许多人生的真谛，人急于表现自己的结果会一事无成，我们必须虚心，一步一个脚印地向自己的目标前进。

93.　　这两位妈妈是怎么样的人？

　　A　热衷于开办展览会

　　B　支持孩子画画

　　C　喜欢听孩子说的话

　　D　很骄傲的人

94.　　与这篇文章文意相符的标题是？

　　A　人生重在抓准时机

　　B　学会宣传自己

　　C　知名度的重要性

　　D　要学会谦虚等待

95-96.

　　鱼贝类与陆上的动物不一样，鲜度非常容易下降，所以在选购时要特别注意海鲜的鲜度，保存以前则要做一些适当的处理。

　　1、鱼类的处理方式是先将鳃、内脏和鱼鳞去除，以自来水充分洗净，再根据每餐的用量进行切割分装，最后再依序放入冷柜内贮存；

　　2、虾仁则可以先行去除砂筋，洗净后先用干布把虾仁擦干，加入味精及蛋白、太白粉、色拉油浆好，放入冷柜加以保存，而带壳的虾只须清洗外表就可冷冻或冷藏。蟹类相同；

　　3、蚌壳类买回后先以清水洗一次再放入注满清水及加入一大匙盐的盆内吐砂。冷冻的扇贝、孔雀贝等可直接送入冷冻或冷藏。

95.　　下面选项中，不属于海鲜类的是：

A　海参　　　　　　　　B　基围虾

C　扇贝　　　　　　　　D　鸭肉

96.　　选购蟹类时，应当：

A　注意海鲜的鲜度

B　用自来水充分冲洗

C　用干布擦干后浆好

D　清水冲洗后加盐吐砂

97-98.

　　北京小米科技有限责任公司成立于2010年4月，是一家专注于智能硬件和电子产品研发的移动互联网公司。小米公司首创了用互联网模式开发手机操作系统、发烧友参与开发改进的模式。

　　2014年12月14日晚，美的集团发出公告称，已与小米科技签署战略合作协议，小米12.7亿元入股美的集团。2015年9月22日，小米在北京发布了新品小米4c，这款新品由小米4i升级而来，配备5英寸显示屏，搭载骁龙808处理器，号称安卓小王子。

　　2016年7月27日的发布会上小米笔记本终于正式亮相，这款产品叫做小米笔记本Air。小米标榜的企业文化是：没有森严的等级，每一位员工都是平等的，每一位同事都是自己的伙伴。

　　小米崇尚创新、快速的互联网文化。讨厌冗长的会议和流程，在轻松的伙伴式工作氛围中发挥自己的创意。公司相信用户就是驱动力，坚持"为发烧而生"的产品理念。

97.　　根据本文，下面哪个说法是对的？

　　A　小米希望用户都能成为工作伙伴。

　　B　为了创新，经常长时间进行会议让工作伙伴发挥创意。

　　C　小米最早开发的产品是安卓。

　　D　小米接受志同道合者参加产品开发改进

98.　　本文提到几种小米开发的产品？

　　A　一种　　　　　　　　B　两种
　　C　三种　　　　　　　　D　四种

99-100.

　　今天一早有位市民给我们打来电话说，二环东路天外村附近，一辆满载碎石的大货车，由南向北冲下，撞在了一个加油站附近的电线杆上。由于撞击力巨大，电线杆被拦腰折断，地面被撞出了一个大坑，车头被压扁，车辆的两个前车轮掉落。当交警和消防官兵赶到现场后，从驾驶室中被救出的大货车司机已经没有了生命体征。

　　我们赶到这里时，只看到这辆损坏严重的大货车和地上残留的血迹，另外，还发现撞断的电线杆导致加油站附近的两辆私家车和一辆工程车也不同程度受损。一位当地居民向我们介绍说："这个路段一路下坡，被叫做'怪坡'，经常发生事故。我骑车电动车，不用加油门，就能溜下去。"

　　看到这么惨烈的事故，我们特别提醒电视机前的观众，特别是咱们的大货司机，不管什么时候、什么地点开车，都得谨慎驾驶，安全第一。

99.　这段话最可能是什么人说的？

　　A　当地居民

　　B　一位市民

　　C　处理事故的交通警察

　　D　电视台出现场的记者

100.　下面哪种情况不是交通事故造成的？

　　A　货车司机的死亡

　　B　路面呈现为怪坡

　　C　路面出现了大坑

　　D　其他车辆受到碰撞

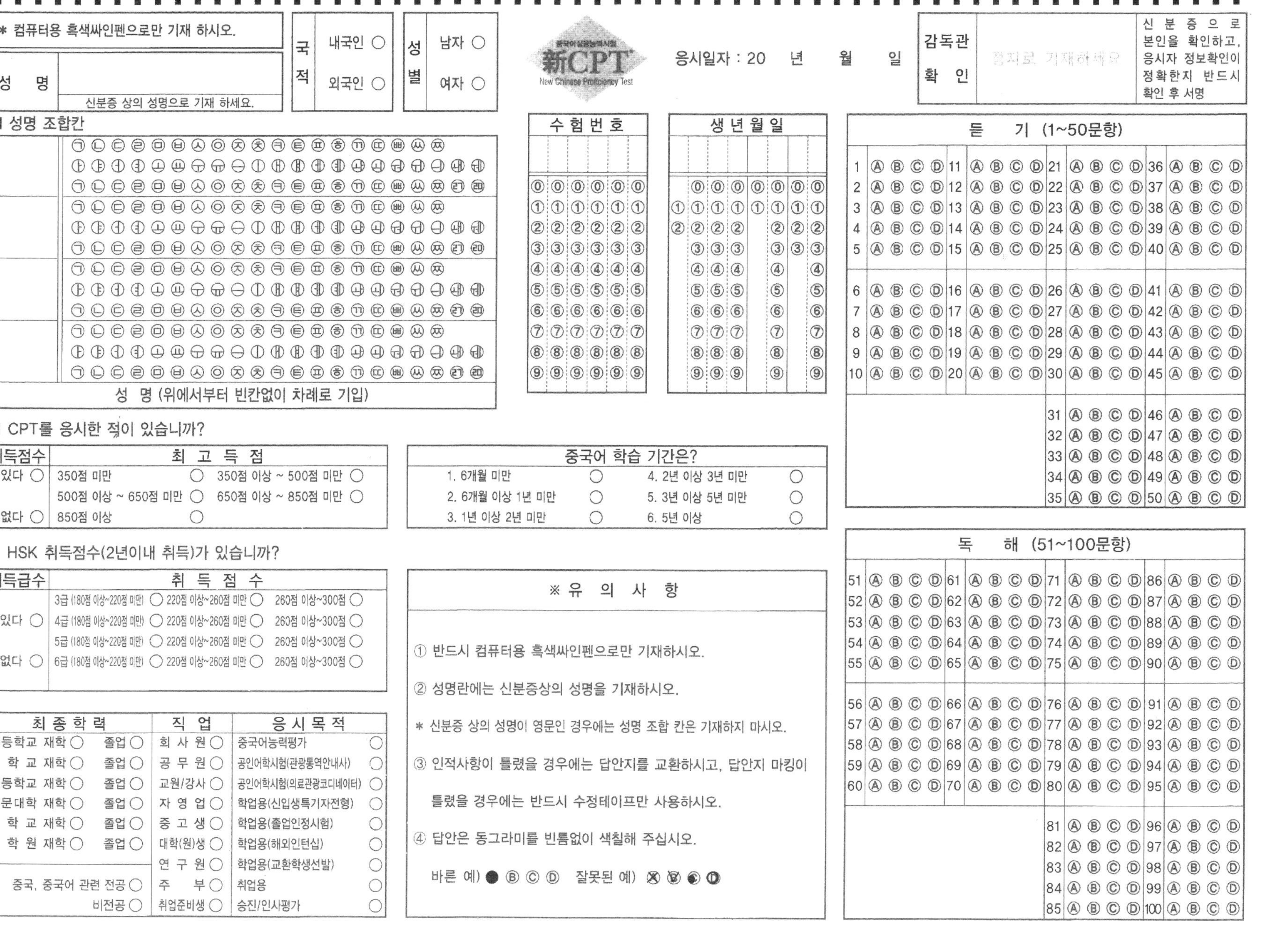

* 컴퓨터용 흑색싸인펜으로만 기재 하시오.

성 명
신분증 상의 성명으로 기재 하세요.

국적: 내국인 ○ / 외국인 ○
성별: 남자 ○ / 여자 ○

新CPT
New Chinese Proficiency Test

응시일자 : 20 년 월 일

감독관 확인
신 분 증 으 로 본인을 확인하고, 응시자 정보확인이 정확한지 반드시 확인 후 서명

■ 성명 조합칸
성 명 (위에서부터 빈칸없이 차례로 기입)

수 험 번 호
생 년 월 일

듣 기 (1~50문항)

■ CPT를 응시한 적이 있습니까?
취득점수
있다 ○
없다 ○
최 고 득 점
350점 미만 ○
500점 이상 ~ 650점 미만 ○
850점 이상 ○
350점 이상 ~ 500점 미만 ○
650점 이상 ~ 850점 미만 ○

중국어 학습 기간은?
1. 6개월 미만 ○
2. 6개월 이상 1년 미만 ○
3. 1년 이상 2년 미만 ○
4. 2년 이상 3년 미만 ○
5. 3년 이상 5년 미만 ○
6. 5년 이상 ○

■ HSK 취득점수(2년이내 취득)가 있습니까?
취득급수
있다 ○
없다 ○
취 득 점 수
3급 (180점 이상~220점 미만) ○ 220점 이상~260점 미만 ○ 260점 이상~300점 ○
4급 (180점 이상~220점 미만) ○ 220점 이상~260점 미만 ○ 260점 이상~300점 ○
5급 (180점 이상~220점 미만) ○ 220점 이상~260점 미만 ○ 260점 이상~300점 ○
6급 (180점 이상~220점 미만) ○ 220점 이상~260점 미만 ○ 260점 이상~300점 ○

※ 유 의 사 항

① 반드시 컴퓨터용 흑색싸인펜으로만 기재하시오.
② 성명란에는 신분증상의 성명을 기재하시오.
* 신분증 상의 성명이 영문인 경우에는 성명 조합 칸은 기재하지 마시오.
③ 인적사항이 틀렸을 경우에는 답안지를 교환하시고, 답안지 마킹이 틀렸을 경우에는 반드시 수정테이프만 사용하시오.
④ 답안은 동그라미를 빈틈없이 색칠해 주십시오.
바른 예) ● Ⓑ Ⓒ Ⓓ   잘못된 예) Ⓧ Ⓨ ◉ Ⓓ

독 해 (51~100문항)

■ 최 종 학 력
초등학교 재학 ○ 졸업 ○
중 학 교 재학 ○ 졸업 ○
고등학교 재학 ○ 졸업 ○
전문대학 재학 ○ 졸업 ○
대 학 교 재학 ○ 졸업 ○
대 학 원 재학 ○ 졸업 ○
중국, 중국어 관련 전공 ○
비전공 ○

■ 직 업
회 사 원 ○
공 무 원 ○
교원/강사 ○
자 영 업 ○
중 고 생 ○
대학(원)생 ○
연 구 원 ○
주 부 ○
취업준비생 ○

■ 응 시 목 적
중국어능력평가 ○
공인어학시험(관광통역안내사) ○
공인어학시험(의료관광코디네이터) ○
학업용(신입생특기자전형) ○
학업용(졸업인정시험) ○
학업용(해외인턴십) ○
학업용(교환학생선발) ○
취업용 ○
승진/인사평가 ○

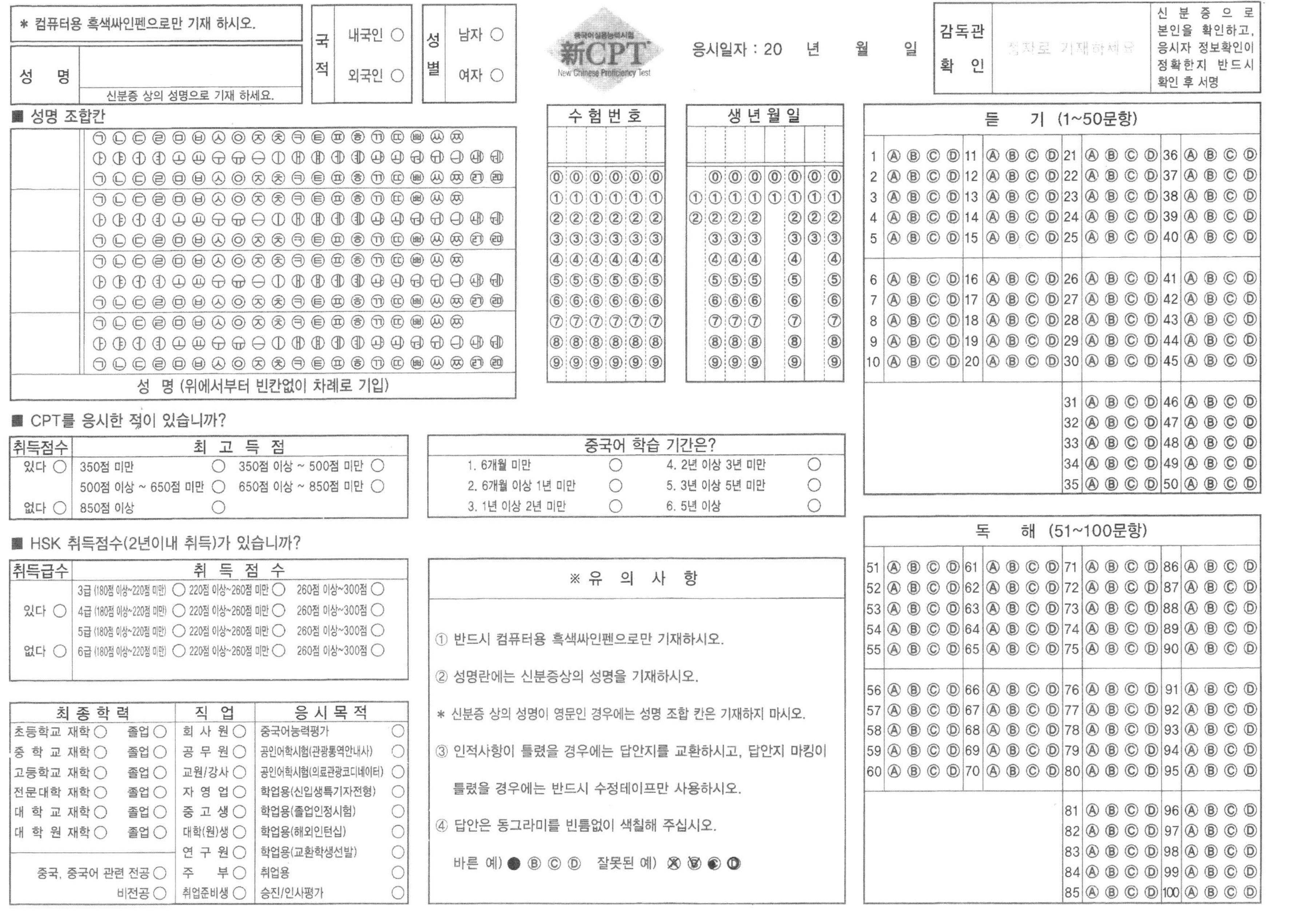

新CPT 한국어실용능력시험
New Chinese Proficiency Test

* 컴퓨터용 흑색싸인펜으로만 기재 하시오.

성 명
신분증 상의 성명으로 기재 하세요.

| 국 적 | 내국인 ○ |
| | 외국인 ○ |

| 성 별 | 남자 ○ |
| | 여자 ○ |

응시일자 : 20 년 월 일

| 감독관 확인 | 정자로 기재하세요 |

신분증으로 본인을 확인하고, 응시자 정보확인이 정확한지 반드시 확인 후 서명

■ 성명 조합칸

성 명 (위에서부터 빈칸없이 차례로 기입)

수 험 번 호

생 년 월 일

듣 기 (1~50문항)

독 해 (51~100문항)

■ CPT를 응시한 적이 있습니까?

취득점수	최 고 득 점	
있다 ○	350점 미만 ○	350점 이상 ~ 500점 미만 ○
	500점 이상 ~ 650점 미만 ○	650점 이상 ~ 850점 미만 ○
없다 ○	850점 이상 ○	

중국어 학습 기간은?

1. 6개월 미만 ○
2. 6개월 이상 1년 미만 ○
3. 1년 이상 2년 미만 ○
4. 2년 이상 3년 미만 ○
5. 3년 이상 5년 미만 ○
6. 5년 이상 ○

■ HSK 취득점수(2년이내 취득)가 있습니까?

취득급수	취 득 점 수		
있다 ○	3급 (180점 이상~220점 미만) ○	220점 이상~260점 미만 ○	260점 이상~300점 ○
	4급 (180점 이상~220점 미만) ○	220점 이상~260점 미만 ○	260점 이상~300점 ○
없다 ○	5급 (180점 이상~220점 미만) ○	220점 이상~260점 미만 ○	260점 이상~300점 ○
	6급 (180점 이상~220점 미만) ○	220점 이상~260점 미만 ○	260점 이상~300점 ○

최 종 학 력		직 업	응 시 목 적
초등학교 재학 ○	졸업 ○	회 사 원 ○	중국어능력평가 ○
중 학 교 재학 ○	졸업 ○	공 무 원 ○	공인어학시험(관광통역안내사) ○
고등학교 재학 ○	졸업 ○	교원/강사 ○	공인어학시험(의료관광코디네이터) ○
전문대학 재학 ○	졸업 ○	자 영 업 ○	학업용(신입생특기자전형) ○
대 학 교 재학 ○	졸업 ○	중 고 생 ○	학업용(졸업인정시험) ○
대 학 원 재학 ○	졸업 ○	대학(원)생 ○	학업용(해외인턴십) ○
		연 구 원 ○	학업용(교환학생선발) ○
중국, 중국어 관련 전공 ○		주 부 ○	취업용 ○
비전공 ○		취업준비생 ○	승진/인사평가 ○

※ 유 의 사 항

① 반드시 컴퓨터용 흑색싸인펜으로만 기재하시오.

② 성명란에는 신분증상의 성명을 기재하시오.

* 신분증 상의 성명이 영문인 경우에는 성명 조합 칸은 기재하지 마시오.

③ 인적사항이 틀렸을 경우에는 답안지를 교환하시고, 답안지 마킹이

틀렸을 경우에는 반드시 수정테이프만 사용하시오.

④ 답안은 동그라미를 빈틈없이 색칠해 주십시오.

바른 예) ● Ⓑ Ⓒ Ⓓ   잘못된 예) Ⓧ Ⓥ Ⓘ Ⓘ

MEMO

중국어능력시험

新CPT®

기출문제집 ③

중국언어연구소 출제·해설 / 총괄감수 **김현철** 교수

해설집

시사중국어사

감수   김현철
연세대학교 중어중문학과 교수 겸 중국연구원, 공자아카데미 원장
중국언어연구소 소장
한국 중국어문학연구회 부회장
한국중국어교육학회 고문 겸 한국외국어교육학회 수석부회장
중국 〈漢語學報〉 편집위원
중국 中文教學現代化學會 이사

해설   중국언어연구소

중국어능력시험 新 CPT 기출문제집 3 해설집

초판인쇄   2017년 9월 30일
초판발행   2017년 10월 10일

출제   중국언어연구소
펴낸이   엄태상
책임편집   김태용
디자인   진지화
마케팅   이상호, 오원택, 이승욱, 전한나, 왕성석
온라인   마케팅 김마선, 심유미, 유근혜

펴낸곳   시사중국어사
주소   서울시 종로구 자하문로 300 시사빌딩
주문 및 교재문의   1588-1582
팩스   (02)3671-0500
홈페이지   http://www.sisabooks.com
이메일   sisachinabook@hanmail.net
등록일자   1988년 2월 13일
등록번호   제1 - 657호

ISBN 979-11-5720-085-6 13720

新CPT
응시가이드

실용적인 커뮤니케이션 능력 측정/평가가 목표입니다.

중국어능력시험 新CPT는 중국어 학습자의 중국어 수준을 측정하기 위한 중국어 능력평가 시험입니다. 이는 학문적인 중국어 지식의 정도를 측정하기 위한 시험이 아닌, 언어 본래의 기능인 커뮤니케이션 능력을 측정하는 시험입니다. 문제는 주로 일상생활 정보 및 실제 비즈니스 업무 내용 위주의 문제가 출제되며, 현장에서 사용되는 커뮤니케이션 능력, 중국 현지 생활적응능력 등이 평가됩니다.

급수제의 단점을 극복한 점수제 평가방법을 채택합니다.

중국어능력시험 新CPT는 급수제가 아닌 점수제로 평가됩니다. 모든 응시자가 동일한 시험문제로 자신의 능력을 객관적으로 평가 받는 방식입니다. 따라서 실생활에서의 커뮤니케이션 능력이 정확하게 점수로 환산되며, 정확성/객관성/타당성에서 탁월한 시험입니다.

기업체나 학교에서 효율적인 인력관리가 가능합니다.

중국어능력시험 新CPT는 기업체에서는 정확한 평가로 인력관리가 가능해지고, 학교에서는 학사관리 및 전공자들의 중국어학습능력을 파악할 수 있습니다. 현재 중국어능력시험 新CPT는 국가기관 및 공기업, 대학교, 기업체의 입사/승진시험에서 사용되며, 전문대학협의회의 해외인턴쉽 대상자 선발시험으로 선정되어 사용되고 있으며, 대학 전공자의 중간고사, 기말고사 대체시험 및 논문 대체 시험으로 활용되고 있습니다.

국가공인자격시험의 어학점수로 인정되고 있습니다.

중국인들의 한국관광열풍이 불고 있는 요즘, 관광통역안내사, 국제의료관광코디네이터 자격시험에 대한 관심과 요구가 높아지고 있습니다. 중국어능력시험 新CPT는 관광통역안내사, 국제의료관광코디네이터 등 국가공인 자격시험의 어학점수로 인정되고 있습니다. 新CPT 점수 취득으로 중국어 실력을 검증 받을 수 있습니다.

2 중국어능력시험 新CPT 문제구성

듣기	청해부분은 크게 4가지 유형으로 나뉩니다.	
1	사진묘사	사진을 근거로 정답을 선택
2	이어질 대화문 찾기	올바른 문장을 선택하여 대화를 완성
3	회화문 듣고 대답하기	짧은 대화를 듣고 올바른 답을 선택
4	설명문 듣기	긴 문장을 듣고 정답을 선택

읽기	독해부분은 크게 4가지 유형으로 나뉩니다.	
5	빈칸 채우기	빈칸에 들어갈 알맞은 답을 선택
6	순서가 바른 문장찾기	올바른 순서로 배열이 된 문장을 선택
7	짧은 문장 이해하기	실용문을 읽고 적합한 답을 선택
8	긴문장 이해하기	긴 문장의 설명문을 읽고 정답을 선택

구성	문제유형	문항수	배점	시간
듣기	사진묘사 이어질 대화문 찾기 회화문 듣고 대답하기 설명문 듣기	10 10 15 15	500점	40분
읽기	빈칸 채우기 순서가 바른 문장찾기 짧은 문장 이해하기 긴문장 이해하기	10 10 15 15	500점	50분
계	8가지 유형	100	1000점	90분

3 중국어능력시험 新CPT 평가기준

新CPT	新HSK	평가 가이드라인
850~1000	6급	**중국인과 자유롭게 커뮤니케이션을 할 수 있음** – 자신의 경험 범위에서는 전문적인 분야의 화제에 대해서 충분한 이해와 적절한 표현이 가능함. – 중국인 정도는 아니지만 정확하게 어휘, 문형들을 사용할 수 있으며, 중국어를 유창하게 구사할 수 있는 능력을 갖춤.
650~849	5급	**비교적 적절한 커뮤니케이션을 할 수 있는 능력을 가지고 있음** – 일상적인 회화는 완전히 이해하고 있으며 응답도 빠름. – 문형을 사용함에 있어 다소 틀리는 부분이 있어도 의사소통에 지장을 줄 정도는 아님. – 화제가 특정분야에 치우치게 되어도 대응할 수 있는 능력을 가지고 있음. – 사업 설명 및 비즈니스 상담이 가능하고 단독으로 출장이 가능함.
500~649	4급	**일상생활에는 별다른 불편이 없으며, 한정된 범위 내에서는 업무상의 커뮤니케이션을 할 수 있음** – 복잡한 상황에서의 의사소통은 개인에 따라 잘하고 못하는 차이가 있음. – 기본적인 문법, 문형은 소화하고 있으며, 표현력은 부족해도 자신의 의사표시를 할 수 있을 만큼의 어휘력을 갖추고 있음. – 간단한 편지나 팩스 등은 사전 없이 읽거나 쓸 수 있으며 신청서에 필요사항을 기재할 수 있음. – 시찰 목적의 해외출장이 가능함.
350~499	3급	**일상생활에서 커뮤니케이션 할 수 있음** – 어휘/문형/문법에 있어서 불충분한 점이 많으나 중국인이 외국인으로서의 특별한 배려를 해주면 의사소통이 가능함. – 메모와 간단한 메시지를 남길 수 있음. – 중국 관광여행을 혼자서 할 수 있음.
210~349	2급	**최저한의 커뮤니케이션을 할 수 있음** – 쉬운 내용의 말을 알기 쉽게 천천히 얘기하면 부분적으로 이해할 수 있음. – 자기소개를 짤막하게 할 수 있으나 실질적인 의사소통은 안 됨. – 간단한 메모나 문장은 읽고 이해할 수 있음.

정기 시험

▶ **시험 시기**　연 6회 실시
▶ **응시 대상**　제한 없음
▶ **응 시 료**　42,000원(특별 추가 접수기간 10% 가산 적용)
▶ **접수 방법**　인터넷 접수
　　　　　　　1. 홈페이지 방문 (www.chinacpt.co.kr)
　　　　　　　2. 홈페이지 첫 화면 접수하기 또는 상단 메뉴 "新CPT정기시험"의 인터넷접수
　　　　　　　3. 비회원 접수
　　　　　　　4. 시험정보 입력 후 사진 업로드
　　　　　　　5. 결제 진행 (온라인 입금, 카드결제)
　　　　　　　6. 접수확인 후 수험표 출력
　　　　　　　＊온라인 계좌 : 우리은행 1005-102-767094 (주)중국언어연구소
　　　　　　　　(응시자와 입금자가 틀릴 경우 02-737-1593으로 연락 주시기 바랍니다.)
시험 당일 고사장에 9시 50분까지 입실 완료해야 합니다.
▶ **응시자 지참물**　수험표, 신분증(주민등록증, 운전면허증, 기간만료 전의 여권, 청소년증,
　　　　　　　新CPT 신분 확인 증명서-홈페이지에서 양식다운, 외국인등록증)
　　　　　　　＊신분증 미지참시 입실불가, 시험에 응시할 수 없습니다.

▶ **성적통보 및 재발급**
- 성적유효기간은 증명서 발급일로부터 2년입니다.
- 성적은 공지된 성적 발표일에 인터넷을 통해 확인 가능하며, 증명서는 발표일로부터 인터넷에서
  출력 가능합니다.
- 성적표 재발급이 가능합니다. (성적 유효기한 내 성적표에 한함.)

▶ **수시시험**
- 기업, 학교, 관공서 등 소속이 동일한 단체가 신청할 경우, 응시단체가 원하는 장소 및 원하는 시간
  에 시행하고 있습니다.
- 시험 한 달 전, 시험을 접수하고 계약서를 작성합니다.
- 시험 10일전 시험 일시, 인원 및 장소를 확정합니다.
- 시험 3일전 응시 협조 공문을 보내고, 확정 응시인원을 통보하며, 응시료를 입금합니다.
　＊시험 3일전까지 최종 인원을 통보하며 이후에는 추가 및 취소가 불가합니다.
- 성적증명서는 시험 시행 2주 이내에 단체 담당자에게 일괄 송부합니다.
- 시험 접수 및 기타 문의는 02-737-1593으로 연락 주시기 바랍니다.

1) 新CPT로 취업하기

* **2013년도 전라남도 지방공무원 임용시험 중국어 능력자 전형에 新CPT 포함**

  新CPT 800점 이상의 성적을 취득하면, 중국어 능력자 전형을 통해 공개경쟁 9급 행정직에 지원 가능합니다.

행정	일반행정 (중국어능력자)	중국어 CPT 800점 이상 또는 HSK 필기 6급 및 회화 고급병행 충족

www.jeonnam.go.kr (전라남도청)

* **한국승강기안전기술원 직원 채용시 공인 어학성적으로 新CPT 인정**

  어학성적 증명서 1부(해당자에 한함)

  *공인 어학성적은 TOEIC, TEPS, TOEFL, JPT, JLPT, CPT, HSK를 인정하며,
   2011.4.1이후 응시하여 취득한 성적(증명)을 제출

www.kest.or.kr (한국승강기안전기술원)

* **(주)코레일관광개발 공개 채용시 공인어학성적으로 新CPT참조**

  *공항철도 승무직
   - 외국어 : TOEIC Speaking, JLPT Speaking, HSK, CPT 등 레벨 6급우대

www.korailtravel.com (코레일관광개발)

* **롯데호텔서울 인턴 채용시 공인어학성적으로 新CPT인정**

  *자격요건
   - 외국어 : TOEIC 및 기타 외국어(TOEIC SPEAKING, OPIC, JPT, SJPT, 新HSK, CPT)

www.lottehotel.com (롯데호텔)

* **신라대학교 일반직 행정 지원 자격 영어와 중국어 평가 점수 보유자 제한**

  新CPT 700점 이상이면 지원 가능합니다.

행정	일반행정 (0명)	기준 2년이내 취득한 어학성적만 인정 -중국어 : HSK 5급 195점 / CPT 700점 이상

www.silla.ac.kr (신라대학교)

자세한 채용 사항은 각 기업의 홈페이지를 참고

* 그 밖에 다양한 분야와 직종에서 CPT점수 채택 및 가산점 부여.
  자세한 사항은 CPT 블로그 http://blog.naver.com/cpttest 참고

2) 新CPT로 스펙쌓기

＊ 신한은행 중국법인 해외 주재원 선발시, 新CPT 점수 보유자 가산점

직원들이 사내 사이트를 통해 수시로 자신의 글로벌학점을 확인 할 수 있다. 매달 공인인증된 어학 성적표 제출로 자신의 글로벌 학점을 수시로 향상 시킬 수 있다. 어학 점수는 해당 국가별로 차등 적용 된다. 예컨데 중국법인의 경우 중국어 구사능력이 우선시 되고 <u>중국어능력시험</u>(CPT) 점수에 가산점이 붙는다.

(이투데이)

＊ 롯데그룹 사원들 '외국어 수준 향상'을 위해 매년 어학 성적표 제출

중국어 성적으로는 중국어능력시험 新CPT 등이 인정되며, 글로벌 인재 선발 시 참고자료로 활용되고 있습니다.

추석 연휴 직전인 15일 롯데백화점 사내 인트라넷을 통해 발송된 공문에 따르면 과장급 이상 간부사원은 올해 중 응시한 최소 1개 이상의 외국어 시험 성적표를 내년 2월 10일까지 제출해야 한다. 영어(토익), 일본어(JPT, JLPT), 중국어(HSK, CPT)를 비롯해 베트남어, 러시아어, 인도네시아어 등 롯데가 백화점과 마트를 통해 진출한 '브릭스(VRICs)'국가 언어도 포함된다. 11월에는 사내 시험도 치를 예정이다.

(동아일보)

3) 新CPT로 평가받기

＊ 각 대학에서 新CPT 성적으로 논문 대체 및 졸업인증시험 인정

대학교에서는 중국어능력시험 新CPT가 학생들의 중국어 능력을 평가하는 지표가 되고 있습니다. 학생들은 新CPT 성적을 제출하여 논문 대체, 졸업인증시험으로 인정받을수 있습니다.

＊ 해외 인턴십 지원 가능

전문대학에 재학 중인 학생들은 300점 이상 점수 취득 시 해외인턴십 지원이 가능합니다.

＊ 고교 교내 평가용, 취업, 대학 입학을 위한 어학시험으로 활용 가능

新CPT
해설 및 모범답안

一. 听力

第一部分

1. C	2. A	3. C	4. A	5. D
6. D	7. C	8. D	9. A	10. A

第二部分

11. C	12. D	13. A	14. B	15. B
16. B	17. B	18. C	19. B	20. D

第三部分

21. D	22. B	23. C	24. A	25. A
26. C	27. B	28. A	29. D	30. D
31. A	32. A	33. B	34. D	35. D

第四部分

36. A	37. D	38. D	39. B	40. B
41. C	42. C	43. D	44. A	45. D
46. A	47. C	48. A	49. C	50. B

二. 阅读

第五部分

51. C	52. C	53. A	54. D	55. A
56. B	57. C	58. A	59. C	60. B

第六部分

61. B	62. A	63. C	64. D	65. D
66. B	67. C	68. B	69. C	70. C

第七部分

71. B	72. A	73. D	74. C	75. D
76. C	77. A	78. B	79. B	80. D
81. D	82. C	83. B	84. B	85. D

第八部分

86. C	87. B	88. B	89. A	90. D
91. A	92. C	93. B	94. D	95. D
96. A	97. D	98. C	99. D	100. B

A,B,C,D 중 사진을 근거로 정답을 선택하세요.

예시 1  01

A 这个人在等汽车。	A 이 사람이 차를 기다리고 있다.
B 这个人在踢足球。	B 이 사람은 축구를 하고 있다.
C 这个人在打电话。	C 이 사람은 전화를 걸고 있다.
D 这个人在吃东西。	D 이 사람은 음식을 먹고 있다.

해설 한 사람이 전화를 걸고 있는 것을 볼 수 있다. 따라서 정답은 C 这个人在打电话。(이 사람은 전화를 걸고 있다)이다

1. 02

A 他们在等出租车。	A 그들은 택시를 기다리고 있다.
B 他们坐出租车去机场。	B 그들은 택시를 타고 공항을 가고 있다.
C 他们去出差。	C 그들은 출장을 간다.
D 他们在机场等出租车。	D 그들은 공항에서 택시를 기다리고 있다.

해설 두 사람이 공항에서 여행가방을 가지고 출장을 가려 하고 있다 따라서 정답은 C 他们去出差。이다

단어 出租车 chūzūchē [명] 택시(taxi) ｜ 出差 chūchāi 출장 가다

2. 

A 他们在学跳舞。 B 他们在学汉语。 C 他们在练功夫。 D 他们在清扫教室。	A 그들은 춤을 배우고 있다. B 그들은 중국어를 배우고 있다. C 그들은 쿵푸를 배우고 있다. D 그들은 교실을 청소하고 있다.

해설 아이들이 무용수업을 하고 있다. 따라서 A 他们在学跳舞。가 정답이다

단어 跳舞 tiàowǔ 춤을 추다 ㅣ 练功夫 liàngōngfu 무예를 연마하다 ㅣ 清扫 qīngsǎo [동] 청소하다

3. 

A 他们在聊天。 B 他们在开玩笑。 C 他们在餐馆看菜单。 D 他们在厨房做饭。	A 그들은 이야기를 나누고 있다. B 그들은 농담을 하고 있다. C 그들은 식당에서 메뉴판을 보고 있다. D 그들은 주방에서 요리를 하고 있다.

해설 남녀가 식당에서 메뉴판을 보고 있다. 따라서 정답은 C 他们在餐馆看菜单。이다.

단어 聊天 liáo tiān 이야기하다, 한담하다 ㅣ 开玩笑 kāiwánxiào 웃기다, 농담하다 ㅣ 厨房 chúfáng [명] 주방, 부엌

4. 

A 他在酒吧喝啤酒。	A 그는 술집에서 맥주를 먹고 있다.
B 这家饭店人很多。	B 이 음식점은 사람이 아주 많다.
C 这个房间很不错。	C 이 방은 아주 좋은 것 같다.
D 他在前台找人。	D 그는 프런트에서 사람을 찾고 있다.

해설 술집에서 맥주를 마시는 그림이다. 그럼 喝啤酒(맥주를 마시다)가 있는 A 他在酒吧喝啤酒。 가 정답이 된다.

단어 前台 qiántái 프런트

5. 

A 人们在等公共汽车。	A 사람들이 버스를 기다리고 있다.
B 自行车过人行横道。	B 자전거가 횡단보도를 건넌다.
C 人们在排长队。	C 사람들이 길게 줄을 서고 있다.
D 现在堵车堵得很厉害。	D 지금 차가 너무 막힌다.

해설 자동차가 길게 줄을 서서 가고 있는 모습이다. 그러므로 답은 D 现在堵车堵得很厉害。(지금 차가 너무 막힌다)

단어 人行横道 rénxínghéngdào [명] 횡단보도 ｜ 排队 pái duì 줄을 서다 ｜ 堵车 dǔ chē 차가 막히다
厉害 lìhai [형] 심하다, 대단하다

6. 07

A 她在包装礼物。
B 她在图书馆借汉语词典。
C 她在商店买裤子。
D 她在公园锻炼身体。

A 그녀는 선물을 포장하고 있다.
B 그녀는 도서관에서 중국어사전을 빌리고 있다.
C 그녀는 가게에서 바지를 사고 있다.
D 그녀는 공원에서 운동을 하고 있다.

해설 여자가 공원에서 운동을 하고 있는 모습이다. 따라서 정답은 D 她在公园锻炼身体。

단어 包装 bāozhuāng [동] 포장하다 ㅣ 锻炼 duànliàn 단련하다 ㅣ 裤子 kùzi [명] 바지

7. 08

A 他们把东西搬到办公室。
B 他们把东西放在桌子上。
C 他们俩正在搬箱子。
D 他们去办公室。

A 그들은 물건을 사무실로 옮긴다.
B 그들은 물건을 책상 위에 놓았다.
C 그들 두 사람은 상자를 옮기고 있다.
D 그들은 사무실에 간다.

해설 두 사람이 물건을 옮기는 중이다. 따라서 정답은 C 他们俩正在搬箱子。이다.

단어 搬 bān (비교적 육중하고 큰 것을) 옮기다 ㅣ 帮 bāng [동] 돕다

8. 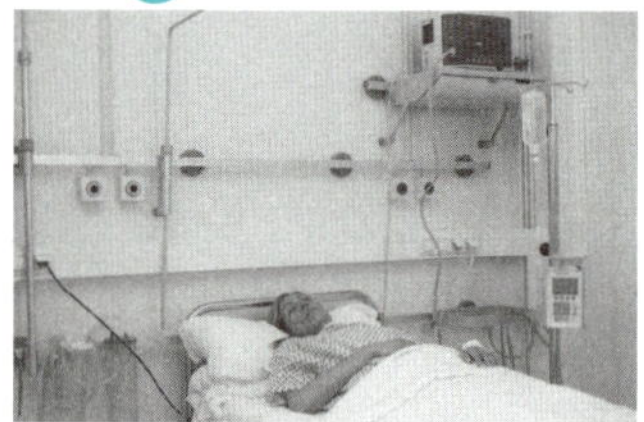

<table>
<tr><td>

A 她是护士。
B 她在医院工作。
C 她站在洗手间旁边。
D 她身体不好，住医院了。

</td><td>

A 그녀는 간호사다.
B 그녀는 병원에서 일을 한다.
C 그녀는 화장실 옆에 서 있다.
D 그녀는 몸이 좋지 않아서 입원했다.

</td></tr>
</table>

해설 여자가 병상에 누워있다. 따라서 D 她身体不好，住医院了。가 정답이다.

단어 护士 hùshi [명] 간호사 | 站 zhàn [동] 서다, 일어서다 | 住院 zhù yuàn 입원하다

9. 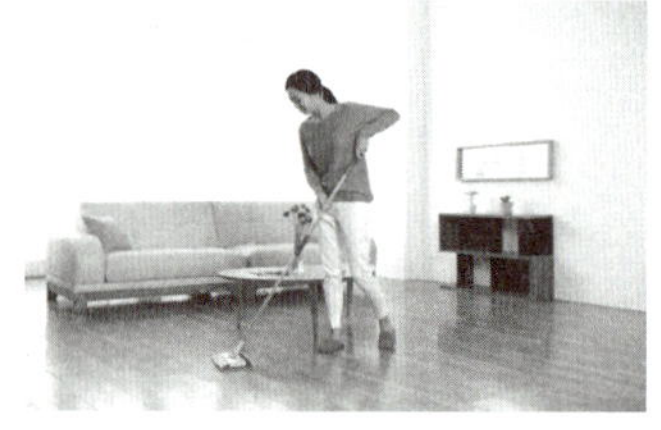

<table>
<tr><td>

A 她正在打扫房间。
B 她在擦玻璃。
C 她在拉开窗帘儿。
D 她在拧开水龙头。

</td><td>

A 그녀는 방 청소를 하고 있다.
B 그녀는 유리를 닦고 있다.
C 그녀는 커튼을 걷고 있다.
D 그녀는 수도꼭지를 열고 있다.

</td></tr>
</table>

해설 한 여자가 청소를 하고 있는 모습이다. 따라서 A 她正在打扫房间이 정답이다.

단어 打扫 dǎsǎo [동] 청소하다 | 擦 cā 닦다 | 玻璃 bōli [명] 유리 | 拉开 lākai (커튼 등을) 열다
窗帘 chuānglián [명] 커튼 | 拧开 nǐngkai [동] 비틀어 열다 | 水龙头 shuǐlóngtóu [명] 수도꼭지

10. 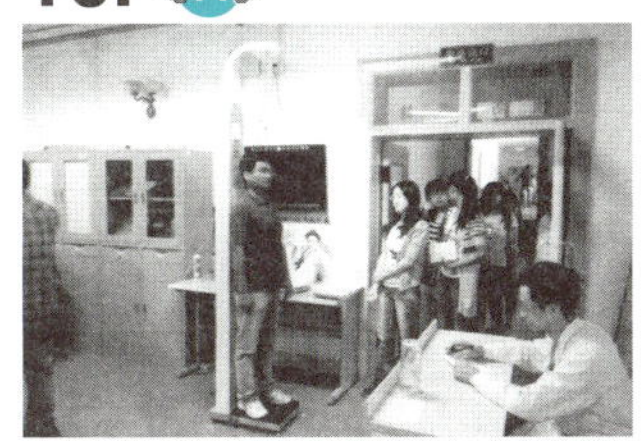

A 他们在接受体检。	A 그들은 신체검사를 받고 있다.
B 他们在排队买票。	B 그들은 줄을 서서 표를 사고 있다.
C 她用卷尺量身高。	C 그녀는 줄자로 키를 재고 있다.
D 他们在排队打饭。	D 그들은 줄을 서서 밥을 받고 있다.

해설 사람들이 신체검사를 받고 있는 모습이다. 따라서 A 他们在接受体检。가 정답이다.

단어 接受 jiēshòu 받다, 받아들이다 ㅣ 体检 tǐjiǎn [명] 신체검사 ㅣ 排队 pái duì [이합동사] 줄을서다
卷尺 juǎnchǐ [명] 줄자 ㅣ 量 liáng [동] 재다, 달다 ㅣ 身高 shēngāo 키, 신장
打饭 dǎ fàn [동] 1. 밥을 짓다, 2. 밥을 (받아) 나르다

A,B,C,D 중 올바른 문장을 선택하여 대화를 완성하세요.

예시 1 

听说你暑假要去新疆旅行？ A 这真是个好的建议。 B 去山东，泰山非去不可。 C 是啊，我打算八月份去。 D 我这辈子都忘不了那次旅行。	너는 여름방학에 여행을 신지앙으로 가려고 한다고 들었는데? A 정말 좋은 의견인데. B 산동에 가, 태산은 꼭 가봐야 하잖아 C 맞아, 8월달에 가려고 해. D 나는 평생 그 여행을 잊을 수 없어.

해설 듣기에서 **要去新疆旅行** (여행을 신지앙으로 가려고 한다)로 말을 했다. 가장 적절한 답을 찾으면 C **是啊，我打算八月份去。**(맞아, 8월달에 가려고 해)가 가장 적당하다.

11.

你刚才怎么不接我电话？我都打了好几次。 A 我的电脑需要很长时间才能启动。 B 我刚才才打开电脑。 C 对不起，我把手机忘在家里了。 D 可能是因为感染了病毒。	당신 방금 내 전화를 왜 안받았어요? 내가 전화를 이렇게 많이 했는데. A 내 컴퓨터는 부팅이 오래 걸린다. B 난 방금 겨우 컴퓨터를 켰다. C 미안해, 핸드폰을 집에 두고 왔어. D 바이러스에 감염돼서 일 수도 있다.

해설 전화를 왜 받지 않았냐라고 묻고 있다. 따라서 C **对不起，我把手机忘在家里了。**(미안해, 핸드폰을 집에 두고 왔어.)가 정답이다.

단어 **需要** xūyào [동] (반드시) 필요로 하다, 요구되다 ㅣ **启动** qǐdòng [동] 시동하다, 부팅하다
感染 gǎnrǎn [동] 감염되다, 옮다 ㅣ **病毒** bìngdú [명] 바이러스

12. 🎧 14

坐公共汽车去你们公司要换车吗？

A 你应该事先做好准备。
B 坐公共汽车更方便一些。
C 晚上我上网再跟你说。
D 不用，你在最后一站下就行了。

버스를 타고 너희 회사에 가려면 환승 해야 하니?

A 너는 사전에 준비를 해야 한다.
B 버스를 타는 게 조금 더 편하다.
C 저녁에 온라인에서 다시 너에게 말해줄게.
D 그럴 필요 없어, 너는 마지막 역에서 내리면 돼.

해설 여기서 질문의 포인트는 환승을 하느냐이다. 따라서 정답은 D 不用，你在最后一站下就行了。(그럴 필요 없어, 너는 마지막 역에서 내리면 돼.)가 정답이 된다.

단어 事先 shìxiān [명] 사전 | 准备 zhǔnbèi [동] 준비하다 | 上网 shàng wǎng 인터넷에 접속하다

13. 🎧 15

这地方怎么这么冷？

A 现在是冬天，你应该多穿点儿衣服。
B 昨天我看了天气预报。
C 那一会儿见。
D 可是现在是夏天啊。

여기는 왜 이렇게 추워?

A 지금은 겨울이야, 너는 옷을 더 많이 입어야 해.
B 어제 나는 일기예보를 봤다.
C 조금 이따가 보자.
D 하지만 지금은 여름인걸.

해설 왜이리 춥냐고 물었다. 가장 적당한 답은 A 现在是冬天，你应该多穿点儿衣服。(지금은 겨울이야, 너는 옷을 더 많이 입어야 해.)이다.

단어 天气预报 tiānqì yùbào [명] 일기예보

14. 🎧16

<table>
<tr><td>

听说你们公司要搬到很远的郊区，那你们上下班怎么办啊！

A 我也想去郊区玩玩儿。
B 你说的没错。对于这个问题领导和员工都感到伤脑筋。
C 可不是吗？我们六点下班。
D 是啊，这里还刮风下雨呢！

</td><td>

듣기로는 너희 회사가 멀리 있는 교외로 옮긴다던데, 그러면 너희 출퇴근은 어떡해!

A 나도 교외에 가서 놀고 싶어.
B 맞아, 이 문제로 간부와 직원들 모두 골머리를 앓고 있어.
C 그러게, 우린 6시에 퇴근해.
D 맞아, 심지어 여긴 비바람이 불어.

</td></tr>
</table>

해설 교외로 출퇴근을 어떻게 하느냐가 질문이다. 따라서 B 你说的不错。对于这个问题领导和员工都感到伤脑筋。 (말 잘했어, 이 문제로 간부와 직원들 모두 골머리를 앓고 있어.)가 정답이다.

단어 郊区 jiāoqū [명] 교외지역, 시외지역 ㅣ 对于 duìyú [개] …에, …에 대해 ㅣ 领导 lǐngdǎo 리더, 우두머리
伤脑筋 shāngnǎojīn 골머리를 앓다, 어쩔 줄을 모르다, 애를 먹다 ㅣ 刮风 guā fēng [이합동사] 바람이 불다

15. 🎧17

<table>
<tr><td>

我们公司一个月的平均工资为17980元，相当于市内其他行业在职人员一年的平均收入。

A 这样企业能够节省劳动成本。
B 那你一个月的工资大概是18000元啊！好棒啊！
C 你们公司为什么不停地招聘？
D 你们公司工资太低了，还不如去市内其他公司。

</td><td>

우리 회사의 평균 월급은 17980위안이야, 시내의 다른 업계 직원의 연 평균수입과 엇비슷해.

A 이렇게 하면 기업은 노동원가를 아낄 수 있다.
B 그럼 너의 한달 월급이 대략 18000위안이네! 굉장한걸!
C 너희 회사는 왜 쉬지 않고 모집을 해?
D 너희 회사는 급여가 너무 낮아, 차라리 시내에 다른 회사를 가겠어.

</td></tr>
</table>

해설 17980원은 대략 18000원이다.여기서 가장 적합한 것은 B 那你一个月的工资大概是18000元啊！好棒啊！(그럼 너의 한달 월급이 대략 18000위안이네! 굉장한걸!)이다. A번의 노동원가를 절약할 수 있다는 것은 문맥상 답이 될 수 없다.

단어 工资 gōngzī [명] 급여 ㅣ 相当于 xiāngdāng yú [동] …에 상당하다 ㅣ 行业 hángyè [명] 업계
收入 shōurù [명] 수입 ㅣ 节省 jiéshěng [동] 아끼다, 절약하다 ㅣ 成本 chéngběn [명] 원가 ㅣ 大概 dàgài [명] 대강
招聘 zhāopìn [동] 모집하다, 초빙하다

16.

我要提交材料，所以现在正忙着整理呢。

A 好的，那你确认一下今天的日程。
B 好的，那我就不打扰你了。
C 坐电梯上五楼就可以了。
D 我已经大体浏览了一遍。

자료를 제출해야 돼서 지금 바쁘게 정리하고 있어.

A 알겠어, 그러면 오늘 너의 일정을 확인해 봐.
B 알겠어, 그러면 방해하지 않을게.
C 엘리베이터를 타고 5층만 올라가면 돼.
D 나는 대체적으로 이미 한 번 훑어보았어.

해설 자료제출로 바쁘게 일하고 있는 내용이다. 따라서 가장 적당한 표현은 B 好的，那我就不打扰你了。(알겠어, 그러면 방해하지 않을게.)가 정답이 된다.

단어 提交 tíjiāo [동] 제출하다 ㅣ 材料 cáiliào [명] 재료.자료 ㅣ 整理 zhěnglǐ [동] 정리하다
确认 quèrèn [동] 확인하다 ㅣ 日程 rìchéng [명].일정 ㅣ 打扰 dǎrǎo [동] 방해하다, 지장을 주다
大体 dàtǐ 대체적으로 ㅣ 浏览 liúlǎn [동] 훑어보다

17.

天气这么好，开车去兜兜风，怎么样？

A 我每个月和同事去爬一次山。
B 对不起，我今天已经跟朋友约好一起去郊游。
C 上山的路很危险，要非常小心才行。
D 室内每天都开空调的话，对身体不好。

날씨가 좋은데, 드라이브하러 가는 게 어때?

A 난 매달 한 번 동기와 등산을 간다.
B 미안해, 난 오늘 친구와 교외로 놀러 가기로 약속했어.
C 산길이 험하니, 굉장히 조심해야 해.
D 실내에 매일 에어컨을 틀어두면, 건강에 좋지 않다.

해설 드라이브하러 가자는 요청이다. C번은 산에 오르는 것이 위험하니는 등산과 관련되어 답이아니다. 따라서 B 对不起，我今天已经跟朋友约好一起去郊游。(B 미안해, 난 오늘 친구와 교외로 놀러 가기로 약속했어.)가 정답이다

단어 兜风 dōu fēng [이합동사] 바람을 쐬다, 드라이브하다 ㅣ 郊游 jiāoyóu [동] 교외로 소풍 가다
危险 wēixiǎn [형] 위험하다

18. 🎧20

为了准备这次会议，我吃了很多苦。

A 我这次又错过了好机会。
B 去年公司业绩不佳，连奖金也取消
　了。
C 你真了不起，我去年准备那次会议的
　时候，中途放弃了。
D 那个员工的消息，我也听说过。

이번 회의를 준비하기 위해서 나는 많은 고생을 했어.

A 나는 이번에 또 좋은 기회를 놓쳤어.
B 작년에 회사의 실적이 좋지 않아서, 보너스도 취소 됐어.
C 너 정말 대단하다, 내가 작년에 그 회의를 준비할 때는 중도 포기했어.
D 그 직원의 소식은 나도 익히 들었어.

해설 회의 준비로 많은 고생을 했다는 문장이다.가장 적합한 것은 C 你真了不起，我去年准备那次会议的时候，中途放弃了。(너 정말 대단하다, 내가 작년에 그 회의를 준비할 때는 중도 포기했어.)이다

단어 吃苦 chī kǔ 고생하다 ㅣ 错过 cuòguò [동] 놓치다 ㅣ 业绩 yèjì [명] 업적 ㅣ 不佳 bùjiā 좋지 않다
奖金 jiǎngjīn [명] 보너스, 장려금 ㅣ 取消 qǔxiāo [동] 취소하다 ㅣ 连 lián ~ 也 yě ~조차도
了不起 liǎobuqǐ [형] 대단하다 ㅣ 中途 zhōngtú [명] 도중 ㅣ 放弃 fàngqì [동] 포기하다

19. 🎧21

我的工作太辛苦了，我一定要想办法找一份既挣钱多又体面的工作。有了钱以后我首先买房子，然后再买辆车。

A 不用，我一点都不辛苦。
B 你这是癞蛤蟆想吃天鹅肉，我看你还是先干好现在的工作吧。
C 你帮我买一下，好吗？
D 是啊，这样还可以节省时间。

내 일은 너무 고생스러워, 반드시 돈도 많이 벌고 체면도 서는 일을 찾을 거야, 돈이 생기면 우선 집을 사고, 차를 살 거야.

A 괜찮아, 나는 하나도 힘들지 않아.
B 너는 분수를 모르는구나, 내가 봤을 때 넌 지금 일이나 잘 하는 게 좋겠어.
C 너가 나 대신 사줘, 안될까?
D 맞아, 이렇게 하면 시간도 아낄 수 있어.

해설 여자는 현재의 일이 힘들다고 무리한 다른 일을 찾으려고 한다. 癞蛤蟆想吃天鹅肉는 자기의 분수를 모를 때 쓰는 비유의 표현이다.여기서 B번 你这是癞蛤蟆想吃天鹅肉，我看你还是先干好现在的工作吧(너는 분수를 모르는구나, 내가 봤을 때 넌 지금 일이나 잘 하는 게 좋겠어)가 적당한 답이 된다.

단어 挣钱 zhèng qián [이합동사] 돈을 벌다 ㅣ 体面 tǐmiàn [명] 체면, 체통
癞蛤蟆想吃天鹅肉 làiháma xiǎng chī tiāné ròu 〔속담〕1. 두꺼비가 백조 고기를 먹으려 하다, 2. 〔비유〕 자기의 분수를 모르다

20. 🎧 22

昨天，我和几个同事商量一起去郊区游览，结果大家各说各的，谁也不买谁的账。	어제 나는 나의 동기들과 교외에 구경가는 건에 대해 의논 했지만, 모두 자기 말만 하고, 누구도 따르려고 하지 않아.

昨天，我和几个同事商量一起去郊区游览，结果大家各说各的，谁也不买谁的账。

A 是啊，真是来得早不如来得巧。
B 我也在郊区的展览会上欣赏到了巧夺天工的玻璃艺术品。
C 谁都不买的话，那只好由你来付钱了。
D 我也常遇到这种事，想让大家都满意太难了。

어제 나는 나의 동기들과 교외에 구경가는 건에 대해 의논 했지만, 모두 자기 말만 하고, 누구도 따르려고 하지 않아.

A 맞아, 일찍 오는 것보다 시간에 맞춰 오는 게 정말 나은 것 같아.
B 나도 교외의 박람회에서 뛰어난 유리예술품을 감상했어.
C 아무도 사지 않는다면, 할 수 없이 너가 돈을 내야겠어.
D 나도 이런 일을 자주 겪지만, 모두를 만족 시키는 것은 너무 어려워.

해설 남자의 말끝에 谁也不买谁的账(누구도 따르려고 하지 않아) 란 말이 있다.따라서 적당한 답은 D 我也常遇到这种事, 想让大家都满意太难了(나도 이런 일을 자주 겪지만, 모두를 만족 시키는 것은 너무 어려워)이다.

단어 商量 shāngliang [동] 상의하다, 상담하다, 의논하다
买账 mǎizhàng (상대방을) 인정(평가)하다(상대방의 장점·능력을 인정하여) 탄복하다, 복종하다, 기꺼이 따르다
来得早不如来得巧 lái de zǎo bùrú lái de qiǎo 시간에 맞춰 오는 게 일찍 오는 것 보다 낫다.때마침 잘 왔다
欣赏 xīnshǎng [동] 감상하다 ｜ 巧夺天工 qiǎoduó tiāngōng 〔성어〕기예가 대단히 정교하다
只好 zhǐhǎo [부] 부득이, 할 수 없이 ｜ 由 yóu [개] …이, …가 ｜ 遇到 yùdào [동] 만나다, 마주치다

다음 대화를 듣고 A,B,C,D 중 올바른 답을 선택하세요.

예시 1 

男: 请问留学生办公室在哪里？ 女: 六楼。不过电梯只能到七楼，你得再从七楼下一层，左边第三个房间就是。 问: 留学生办公室在几层？ A 一层　B 六层　C 七层　D 三层	남: 유학생 사무실이 어디에 있습니까? 여: 6층입니다.그런데 엘리베이터가7층에서만 서니,당신은 7층에서 한 층 내려가야 합니다. 왼쪽 3번째 방입니다. 질문: 유학생 사무실은 몇 층입니까? A 1층　　B 6층　　C 7층　　D 3층

해설 대화에서 여자가 한 말 중에 **你得再从七楼下一层**(당신은 7층에서 한 층 내려가야 합니다)를 들으면 정답은 B六层이라는 것을 알 수 있다.

21.

男: 喂，是我！你在哪儿啊？ 女: 是你呀！我今天去北京出差，现在在机场，等我到了北京以后再给你打电话，好吗？对了，我明天还得去上海和苏州。 问: 女的现在在哪儿？ A 上海　B 苏州　C 北京　D 机场	남: 여보세요? 나야! 너 어디야? 여: 너였구나! 나는 오늘 베이징에 출장을 가야 해서 지금 공항이야, 베이징에 도착하면 너한테 다시 전화 할게, 괜찮지? 맞다, 내일은 또 상하이와 쑤저우를 가야 돼. 질문: 여자는 지금 어디에 있나요? A 상하이　B 쑤저우　C 베이징　D 공항

해설 선택항목을 보면 장소에 관한 문제라는 것을 알수있다. 문장 중에 **我今天去北京出差，我现在在机场**이라는 녹음이 나왔다. 따라서 답은 D 机场이다.

단어 出差 chū chāi 출장 가다

22. 🎧25

男：都几点了？你怎么现在才来？
女：不好意思，我的车出毛病了，打电话叫朋友帮忙，半天才修好。
问：关于女的可以知道什么？

A 朋友生病了　　B 她的车坏了
C 修电话　　　　D 朋友的车坏了

남: 지금이 벌써 몇 시야? 왜 이제야 왔어?
여: 미안해, 내 차가 고장이 나서 친구에게 전화를 해서 도움을 구했는데 반나절 만에 수리를 끝냈어.
질문: 여자에 대해 알 수 있는 것은?

A 친구가 아프다.
B 그녀의 차가 고장 났다.
C 전화기를 고치다.
D 친구의 차가 고장 났다.

> **해설** 여자의 대화중에 **我的车出毛病了** 라는 말이 나온다.여기서 **出毛病**은 '고장이 나다'라는 뜻이다. 따라서 B **她的车坏了**(그녀의 차가 고장 났다)가 답이다.

> **단어** 出毛病 chū máobing 고장이 나다 ｜ 生病 shēng bìng [동] 병이 나다

23. 🎧26

男：把这个文件复印五份，一会儿拿到会议室发给大家。对了，会议是下午2点开始吧？
女：改了。2点半，推迟了半个小时，302会议室没变。
问：会议几点开始？

A 两点　B 三点　C 两点半　D 五点

남: 이 문서를 다섯 부 복사해서 조금 이따가 회의실에서 사람들에게 나눠줘, 맞다, 회의는 오후2시 시작이지?
여: 변경됐어, 2시 반이야, 30분 늦춰졌고, 302호회의실은 그대로야.
질문: 회의는 몇 시에 시작하나요?

A 두 시　　　　B 세 시
C 두 시반　　　D 다섯 시

> **해설** 선택항목을 보면 시간문제라는 것을 알 수 있다. 원래 2시에서 30분 연기되었으니 답은 C **两点半** 이다

> **단어** 复印 fùyìn [동] 복사하다 ｜ 推迟 tuīchí [동] 미루다, 연기하다 ｜ 变 biàn [동] 변하다, 변화하다

24. (27)

男：张经理，你好，很久不见了。你也来参加会议吗？

女：是的，我们一起进去吧，马上就开始了。

问：他们来做什么？

A 开会　　　　　　B 上课
C 去饭店吃饭　　　D 打电话

남: 장매니저님, 안녕하세요, 오랜만에 뵙네요, 매니저님도 회의에 참가하러 오신 건가요?

여: 네, 우리 같이 들어가요, 곧 시작하겠어요.

A 회의를 하다.　　　　B 수업을 하다.
C 식당에 가서 밥을 먹다.　D 전화를 하다.

해설　선택항목을 보면 '술어+목적어' 형태로 되어있다. 따라서 질문은 **做什么**?로 할 가능성이 많다. 대화 중에 **来参加会议**라는 말이 있으니 정답은 A **开会**이다.

단어　参加 cānjiā [동] 참가하다, 참여하다

25. (28)

男：你刚才听到广播了吗？

女：听到了！广播说，因为天气的影响，原来早上8点起飞的航班推迟了4个小时，估计晚上6点左右才能到达目的地。

问：这次航班推迟到几点起飞？

A 中午十二点　　　B 下午四点
C 晚上六点　　　　D 早上八点

남: 너 방금 방송 들었어?

여: 들었어! 방송에서 날씨문제로 원래 아침8시에 이륙하는 항공편이 4시간 연착된대, 예상으로는 저녁 6시쯤 목적지에 도착할 것 같아.

질문: 이 항공편은 몇 시에 이륙하는 것으로 연기되었나요?

A 정오 열두 시　　　B 오후 네 시
C 저녁 여섯 시　　　D 아침 여덟 시

해설　원래 아침 8시 이륙에서 **推迟了4个小时**(4시간 연기되면)이면 점심 12시(**中午十二点**)이다. 그러므로 답은 A이다

단어　广播 guǎngbō [동] 방송하다　ㅣ　影响 yǐngxiǎng [동] 영향을 끼치다　ㅣ　起飞 qǐfēi [동] 이륙하다
航班 hángbān [명] 정기편.항공편　ㅣ　推迟 tuīchí [동] 미루다, 연기하다　ㅣ　估计 gūjì [동] 예측하다
目的地 mùdìdì [명] 목적지

男：首都机场到了，您在哪儿下车？
女：停在人行横道前面吧，我要在那儿
　　等朋友。多少钱？
问：他们最可能在哪儿？

A 人行横道上　　　B 飞机里
C 出租车里　　　　D 公共汽车里

남：수도공항에 도착했습니다, 어디서 내리세
　　요?
여：횡단보도 앞에서 세워주세요, 친구를 기
　　다려야 하거든요, 얼마에요?
질문：그들이 있을 가장 가능한 장소는?

A 횡단보도 위　　　B 비행기 안
C 택시 안　　　　　D 버스 안

해설 남자가 공항에 도착했다고 하고 **您在哪儿下车?**(어디에서 내리실 건가요?)라는 말이 나왔으므로 답은 C **出租车里**이다.

단어 首都 shǒudū 수도 ｜ 人行横道 rénxíng héngdào [명] 횡단보도

男：你看看现在都几点了？邮局马上就
　　下班了，你现在去，说不定白跑一
　　趟。
女：你说得对，那我回头再去吧！
问：女的本来要做什么？

A 去跑步　　　　　B 去邮局
C 下班　　　　　　D 回家

남：지금 벌써 몇시니? 우체국은 곧 문을 닫
　　을 텐데, 너 지금 가면 헛걸음 할 수도 있
　　어.
여：너의 말이 맞아, 그럼 다음에 갈게!
질문：여자는 원래 무엇을 하려고 했습니까?

A 달리기를 하다.　　　B 우체국을 가다.
C 퇴근하다.　　　　　D 집에 가다.

해설 남자의 대화내용에 **邮局马上就下班了**(우체국은 곧 문을 닫을 텐데)라는 말이 있고 여자는 **你说得对**(네 말이 맞아)라고
했으므로 질문의 답은 B **去邮局**이다.

단어 说不定 shuōbudìng [부] …일지도 모른다 ｜ 白跑 báipǎo [동] 헛걸음하다 ｜ 回头 huítóu [부] 잠시 후
本来 běnlái 본래

28. 🎧31

男：你好，我想咨询一下办理贵行国际信用卡的有关事宜。

女：请问，你想办理金卡还是普通卡？普通卡的手续费是一百块，金卡是200，当然金卡的信用额也比普通卡高，是5000块。而且金卡是一卡双币种，美元和人民币。

问：关于国际信用卡金卡，下面错误的是？

A 手续费是100块

B 具有美金结算功能

C 信用额度是5000块

D 是一卡双币种

남: 안녕하세요, 귀 은행의 국제신용카드 관련된 일을 상담 하러 왔습니다.

여: 실례지만, 골든 카드 신청인가요 아니면 일반 카드인가요? 일반 카드는 수속비가 100위안이고 골든 카드는 200위안입니다, 당연히 골든 카드가 일반 카드보다 신용 한도가 높아, 5000위안입니다. 그리고 골든 카드는 달러와 위안을 같이 사용할 수 있습니다.

질문: 국제신용골든카드와 관련하여 아래에서 틀린 것은?

A 수속비가 100위안이다.

B 달러 결제 기능을 구비하고 있다.

C 신용 한도가 5000위안이다.

D 한 카드에 두 가지 화폐를 사용할 수 있다.

해설 골든카드와 관련하여 수속비는 200위안,달러와 인민폐기능이 있고,한도액은 5000위안이므로 잘못된 것은 A 手续费是100块이다.

단어 咨询 zīxún [동] 자문하다, 컨설팅하다 ㅣ 办理 bànlǐ [동] (사무를) 처리하다 ㅣ 事宜 shìyí [명] 사무, 일
手续 shǒuxù [명] 수속, 절차

29. 🎧32

女：我听说你们早饭也像午饭似的，又是包子，又是粥，吃那么多干什么？

男：这你就不懂了。中国有句俗话，叫做"早吃好，午吃饱，晚吃少"。

问：男的是什么意思？

A 早饭要像午饭

B 晚上要吃得饱一些

C 中午要吃得少一些

D 早饭要吃好

여: 내가 듣기로 너희는 아침밥을 점심밥처럼 먹는다는데, 만두, 죽, 왜 그렇게 많이 먹나요?

남: 이건 네가 모르겠지만 중국에는 이런 속담이 있어 "아침은 잘 챙겨 먹고, 점심은 배불리 먹고, 저녁은 적게 먹어라"

질문: 남자는 무슨 의미인가요?

A 아침밥을 점심밥처럼 먹어야 한다.

B 저녁밥은 배부르게 먹어야 한다.

C 점심밥은 적게 먹어야 한다.

D 아침밥은 잘 챙겨 먹어야 한다.

해설 여자가 아침을 왜이리 많이 먹느냐의 질문에 대한 남자의 답은 早吃好, 午吃饱, 晚吃少(아침은 잘 챙겨먹고 점심은 배부르게 저녁은 적게)라는 속담을 예로 들었다 따라서 답은 D 早饭要吃好이다.

단어 似的 sìde [조] 비슷하다, …과 같다 ㅣ 粥 zhōu [명] 죽 ㅣ 俗话 súhuà [명] 속어, 속담

30. 🎧 33

<table>
<tr><td>

女：喂，您好，北京新友贸易有限公司。
男：麻烦转告张经理，请他把修改后的
合同文本传真给我们公司，如果能
达成一致，我们希望能尽快签字。
问：男的为了什么事情打电话？

A 和对方商谈合同
B 和对方签订合同
C 请对方修改合同
D 请对方传真合同

</td><td>

여: 여보세요, 북경신우무역회사입니다.
남: 실례지만 장매니저님께 그가 수정한 계약
원본을 저희 회사에 팩스로 보내달라고
전해주세요, 만약에 의견만 맞다면 빠른
시일 내에 서명하겠습니다.
질문: 남자는 무슨 일로 전화를 했나요?

A 상대방과 계약을 상의하다.
B 상대방과 계약을 체결하다.
C 상대방에게 계약서 수정을 부탁하다.
D 상대방에게 계약서를 팩스로 부탁하다.

</td></tr>
</table>

해설 남자가 전화한 이유를 묻는 질문이다.남자는 팩스로 수정한 후의 계약서를 보내 달라고 요청하고 있다.그러므로 답은 D **请对方传真合同**(상대방에게 계약서를 팩스로 부탁하다)이다.

단어 转告 zhuǎngào [동] (어떤 사람이 부탁한 말, 상황 등을 다른 사람에게) 전하다, 전달하다

修改 xiūgǎi [동] (문장이나 계획 등의 결점을) 바로잡다, 고치다, 수정하다

达成 dáchéng [동] (주로 상담 후, 어떤 결과에) 이르다, 얻다, 달성하다

一致 yīzhì [형] (언행 또는 의견 등이) 일치하다

签字 qiān zì [이합동사] (문서 등에 자신의) 서명하다, 사인하다

商谈 shāngtán [동] (구두로) 상담하다, 상의하다

签订 qiāndìng [동] 체결하다, 맺다, 조인하다, 서명·날인하다

31. 🎧 34

<table>
<tr><td>

男：最近四年以来，房地产投诉纠纷每年都以20%的速度增长，目前已经成为继手机、汽车之后的第三大投诉热点，解决率却是所有投诉中最低的。

女：看来这个问题还没有引起有关部门足够的重视。

问：目前，投诉最多的商品依次是什么？

A 手机、汽车、房地产
B 手机、房地产、汽车
C 房地产、手机、汽车
D 房地产、汽车、手机

</td><td>

남：최근 4년 간, 부동산 소송분쟁은 매년 20%의 속도로 증가했고, 이미 핸드폰, 자동차 다음 세 번째로 큰 소송이슈가 됐는데, 해결 확률은 모든 소송 중에서 가장 낮다.

여：보아하니 이 문제는 아직 관련부서의 충분한 시선을 못 끄는 것 같아.

질문：현재 소송이 많은 상품부터 순서대로 나열한 것은?

A 핸드폰, 자동차, 부동산
B 핸드폰, 부동산, 자동차
C 부동산, 핸드폰, 자동차
D 부동산, 자동차, 핸드폰

</td></tr>
</table>

해설 남자의 대화에 최근 4년간 소송으로 분쟁의 3대 주목을 끄는 것이 휴대폰, 자동차, 부동산이다. 그러므로 답은 A 手机、汽车、房地产이다.

단어 投诉 tóusù 소송하다, 고소하다 ㅣ 纠纷 jiūfēn [명] 분규, 분쟁 ㅣ 增长 zēngzhǎng [동] 증가하다
热点 rèdiǎn [명] 주목을 끄는 문제, 뜨거운 감자 ㅣ 解决 jiějué [동] 해결하다 ㅣ 引起 yǐnqǐ [동] 주의를 끌다, 일으키다
依次 yīcì [부] 순서대로, 차례대로 ㅣ 房地产 fángdìchǎn [명] 부동산

32. 🎧 35

女：老张，最近我周围很多人炒股都赚钱了，我也想试一试，我知道你是老股民了，对炒股特别有经验，很想听听你的看法。

男：我也谈不上有什么经验，不过从1997年入市到现在，经历过几次牛市熊市，对股市的了解稍微多一点吧。

问：关于男的，正确的是：

A 1997年就开始炒股了
B 没有炒股经验
C 只经历过熊市
D 只经历过牛市

여: 라오장, 최근 제 주위에 많은 사람이 주식 투자로 돈을 벌었는데, 저도 한 번 시도해 보고 싶네요, 당신이 오래된 개인투자자이기도 하고, 주식투자에 경험이 많으시니 당신의 의견을 듣고 싶네요.

남: 저도 남다른 경험은 없어요, 그저 1997년부터 지금까지 주식시장에 뛰어 들고 나서 몇 번의 상승,하락 장세를 겪어서 주식시장에 대한 이해는 조금 더 많겠죠.

질문: 남자에 관하여 옳은 것은?

A 1997년부터 주식 투자를 시작했다.
B 주식 경험이 없다.
C 하락세만 겪어봤다.
D 상승세만 겪어봤다.

해설 남자에 관하여 언급한 것 중 1997년부터 시작했고, 몇 번의 상승,하락 장세를 겪었고, 그래서 주식시장에 대한 이해가 조금 더 많은 것이다.따라서 답은 A 1997年就开始炒股了(1997년부터 주식 투자를 시작했다) 이다.

단어 炒股 chǎogǔ 주식 투자를 하다 ㅣ 周围 zhōuwéi [명] 주위, 둘레 ㅣ 赚钱 zhuànqián [동] 돈을 벌다

股民 gǔmín [명] 개인주주, 개인투자자 ㅣ 经验 jīngyàn [명] 경험 ㅣ 谈不上 tánbushàng (…라고까지) 말할 수 없다

经历 jīnglì [동] 겪다, 경험하다 ㅣ 牛市 niúshì [명] 상승 장세 ㅣ 熊市 xióngshì [명] 하락 장세

稍微 shāowēi [부] 약간, 조금

33. 🎧36

女：听说你最近要到桂林出差，打算怎么去，坐飞机吗？如果时间允许的话，你不妨坐船去，那儿山清水秀，一路可以欣赏到不少美景。

男：是吗？我本来想坐火车去，不过去的时候时间紧，得坐飞机。回来就该放年假了，正好坐船放松一下。

问：男的决定怎么去桂林？

A 坐船　　　　　B 坐飞机
C 还没决定　　　D 坐火车

여: 최근에 꾸이린으로 출장을 간다고 들었는데, 어떻게 갈 거야? 비행기 타고 가? 만약에 시간만 괜찮다면, 배를 타고 가는 것도 괜찮아. 그 곳은 산 푸르고 물이 맑아서, 가는 길 동안 많은 경치를 감상할 수 있을 거야.

남: 그래? 원래 기차를 타고 가려고 했는데, 그렇게 되면 시간이 급박해서 비행기를 타야겠네. 돌아오면 마침 연가를 내서 배를 타고 여유를 즐겨야겠다.

질문: 남자는 무엇을 타고 꾸이린에 가기로 결정했나?

A 배를 타다.　　　　B 비행기를 타다.
C 결정하지 않았다.　D 기차를 타다.

해설 남자는 원래 기차를 타기로 했다가 갈 때 시간이 급박해서 비행기로 가야겠다고 했다. 그러므로 B 坐飞机가 정답이다.

단어 不妨 bùfáng [부] 무방하다, 괜찮다 ǀ 放年假 fàng niánjià 겨울휴가가 되다, 연가를 하다
放松 fàngsōng [동] 늦추다, 이완하다

34. 🎧37

男：我已经结清账款了，存折你们不收吗？

女：我没给您办销户。这个存折您可以留着，以后还可以用。

问：男的去银行干什么？

A 重办存折　　　　B 办理销户
C 存款　　　　　　D 支付到期的账款

남: 저는 이미 예금 잔고를 결산처리했는데, 통장은 회수 안 하시나요?

여: 거래를 해지하지 않아서 통장은 두고두고 나중에 다시 사용하실 수 있습니다.

질문: 남자는 은행에서 무엇을 하나요?

A 통장을 새로 만들다.
B 거래를 해지하다.
C 저금하다.
D 만기된 잔고를 지불하다.

해설 대화내용에서 남자는 통장의 잔고를 모두 찾았다(结清账款) 따라서 답은 D 支付到期的账款(만기된 잔고를 지불하다)이다

단어 结清 jiéqīng [동] 청산하다, 깨끗이 해결하다 ǀ 账款 zhàngkuǎn 예금 잔고 ǀ 存折 cúnzhé [명] 통장
销户 xiāohù 거래를 해지하다 ǀ 存款 cúnkuǎn 저금하다, 예금하다

35. (38)

女：你看，这里有最新设计的5款服装式样，每种做10件样品，一个星期能交货吗？

男：最近活儿比较多，一个星期有点儿紧，能不能宽限两天？就两天。

问：男的希望几天之后交样品？

A 2天　　B 5天　　C 7天　　D 9天

여: 봐요, 여기 최신디자인의 다섯 벌의 옷 스타일입니다, 매 종류마다 10벌의 샘플을 만들고, 일주일 내에 납품할 수 있나요？

남: 최근 들어 일이 많아서 일주일은 좀 빠듯합니다, 넉넉히 이틀 더 주시면 안될까요？ 딱 이틀.

질문: 남자는 며칠 후 견본을 납품하기를 희망하나요？

A 2일　　B 5일　　C 7일　　D 9일

해설　여자가 **一个星期能交货吗？**(일주일 내에 납품할 수 있나요?)라고 말하고 남자는 **一个星期有点儿紧，能不能宽限两天？就两天**(일주일은 좀 빠듯합니다, 넉넉히 이틀 더 주시면 안될까요? 딱 이틀)라고 말한다. 따라서 답은 D 9天이다.

단어　设计 shèjì [동] 설계하다, 디자인하다　ㅣ　服装 fúzhuāng [명] 복장, 옷차림
式样 shìyàng [명] 양식, 스타일　ㅣ　交货 jiāohuò [이합동사] 물품을 인도하다, 납품하다
宽限 kuānxiàn [이합동사] (기한을) 늦추다, 미루다, 연장시키다

단문 혹은 긴 대화문을 들으면서 문제를 보세요. 각각의 단문은 1에서 몇 개의 문제가 있습니다. A,B,C,D중 정답을 한 개 선택하세요.

예시 1. [1-2] 🎧39

我们学校里有一个小卖部。小卖部里边卖生活用品、食品，还卖信纸、信封、邮票。有这个小卖部我们觉得很方便，买些小东西我们就不用出校门了。这个小卖部早上8点开门，晚上8点半关门。	우리 학교에는 작은 매점이 있다. 작은 매점에서는 생필품, 식품을 팔고, 편지지, 편지봉투, 우표도 판다. 이 작은 매점이 있어서 우리는 참 편리하다. 이런 작은 물건을 살 때 교문을 나갈 필요가 없다. 매점은 아침 8시에 문을 열어서 저녁 8시 반에 문을 닫는다.

단어 小卖部 xiǎomàibù [명] 매점 ㅣ 信纸 xìnzhǐ [명] 편지지 ㅣ 信封 xìnfēng(r) [명] 편지봉투
邮票 yóupiào [명] 우표 ㅣ 方便 fāngbiàn [형] 편리하다 ㅣ 关门 guān mén [동] 문을 닫다

예시 1-1

短文中没有说到什么东西？ A 生活用品　　　B 书 C 食品　　　　　D 邮票	문장에서 말하지 않은 것은? A 생활용품　　　B 책 C 식품　　　　　D 우표

해설 첫 번째 문제의 알맞은 답은 B이다. 문장에서 "小卖部里边卖生活用品、食品，还卖信纸、信封、邮票。(작은 매점 안에는 생필품, 식품을 팔고, 편지지, 편지 봉투, 우표도 판다.)"를 통하여 언급하지 않은 것은 B书(책)임을 알 수 있다.

예시 1-2

这里的"关门"是什么意思？ A 关上门　　　B 商店不能开门 C 晚上不能开门　　D 停止营业	여기에서 "문 닫다"는 무슨 뜻인가? A 문을 닫다 B 상점은 문을 열 수가 없다 C 저녁에 문을 열 수가 없다 D 영업을 멈추다

해설 두 번째 문제의 알맞은 답은 D이다. 这个小卖部早上8点开门，晚上8点半关门。(매점은 아침 8시에 문을 열어서 저녁 8시 반에 문을 닫는다.)'에서의 "关门"의 뜻은 D停止营业(영업을 멈추다)이다. "关门"이·폐업하다"라는 뜻도 있기 때문에 A关上门문을 닫다)와 혼동할 수도 있지만, 여기에서는 "영업을 멈추다"라는 표현이 더 옳다.

欢迎拨打消费者协会咨询热线。我们的服务时间是星期一到星期天早上八点到下午五点。现在工作人员已经下班，欢迎您明天继续拨打。	소비자협회 상담핫라인에 연락주신 것을 환영합니다, 저희 서비스시간은 월요일부터 일요일 아침8시부터 오후5시까지 입니다, 지금은 직원들이 퇴근했으므로, 내일 다시 전화해 주세요.

단어 　拨打 bōdǎ [동] (전화를) 걸다　|　热线 rèxiàn [명] 핫라인(hot line), 직통 전화　|　继续 jìxù [동] 계속(繼續)하다

36. 🎧41

现在可能是什么时间？ A 下午五点半以后 B 星期天早上九点 C 星期六下午两点 D 中午十二点	지금은 아마도 몇 시 인가요？ A 오후 다섯 시반 이후 B 일요일 아침 아홉 시 C 토요일 오후 두 시 D 정오 열두 시

해설 　근무시간은 월요일부터 일요일 아침8시부터 오후5시까지이고 또 직원들이 퇴근하였으므로 시간은 5시 이후이다. 따라서 답은 A 下午五点半以后(오후 다섯 시반 이후)이다.

37. 🎧42

他们是什么时候不上班？ A 星期一 B 星期六 C 星期天 D 无休息日	그들은 언제 출근을 하지 않나요？ A 월요일 B 토요일 C 일요일 D 쉬는 날이 없다.

해설 　직원들의 서비스시간은 월요일부터 일요일 아침8시부터 오후5시까지이므로 매일 출근을 한다. 따라서 답은 D 无休息日이다.

女士们，先生们：
　　飞机已经降落首都机场，外面温度零上八摄氏度，飞机正在滑行，为了您和他人的安全，请先不要站起或打开行李架。等飞机完全停稳后，请你再解开安全带，整理好手提物品准备下飞机。从行李架里取物品时，请注意安全。您交运的行李请到行李提取处领取。需要在本站转乘飞机到其他地方的旅客请到候机室中转柜办理。谢谢！

신사 숙녀 여러분:
　　비행기가 이미 수도공항에 착륙했습니다, 바깥 온도는 영상8도이며 현재 비행기가 활주하고 있으니 안전을 위해 일어나지 마시고 선반을 열지 말아주세요. 비행기가 완전히 멈춘 후에, 안전벨트를 풀고 휴대품을 챙겨서 내릴 준비를 해주세요. 선반에서 물건을 꺼내실 때, 안전에 주의해주세요. 수하물은 수하물 대에서 받아주세요. 이번 공항을 경유하여 다른 곳으로 가시는 여행객께서는 공항 라운지 중간 프론트에서 수속을 밟아주세요. 감사합니다!

단어 　降落 jiàngluò [동] 착륙하다 ㅣ 摄氏度 shèshìdù [양] 섭씨, ℃ ㅣ 滑行 huáxíng [동] 활주하다
停稳 tíngwěn [동] 완전히 멈추다, 멈추어 움직이지 않다 ㅣ 手提 shǒutí [형] 휴대하는 ㅣ 解开 jiěkāi [동] 풀다
提取 tíqǔ [동] 찾다(인출하다) ㅣ 领取 lǐngqǔ [동] 수령하다 ㅣ 转乘 zhuǎnchéng [동] 갈아타다
候机室 hòujīshì [명] 공항 대합실 ㅣ 中转 zhōngzhuǎn 도중에 갈아타다 ㅣ 交运 jiāoyùn [명] 교통운수

飞机完全停稳之前，乘客应该怎么做？	비행기가 완전히 멈추기 전에 승객들은 어떻게 해야하나요?
A 从行李架取物品 B 打开行李架 C 解开安全带 D 坐在座位上	A 선반에서 물건을 꺼내다. B 선반을 열다. C 안전벨트를 풀다. D 자리에 앉아있는다.

해설 비행기가 완전히 멈춘 후에 해야할 것 들은 A,B,C이다. 따라서 비행기가 완전히 멈추기 전에는 D 坐在座位上 (D 자리에 앉아있는다)이다.

下面正确的是：	아래에서 정확한 것은?
A 外面温度为零下八摄氏度 B 取物品的时候要注意安全 C 交运的行李到中转柜领取 D 需要在本站转机的乘客到行李提取处办理	A 바깥 온도가 영하8도 이다. B 물건을 꺼낼 때 안전에 주의해야 한다. C 수하물을 중간 프런트에서 받다. D 이번 역에서 비행기를 갈아타는 승객은 수하물 접수처에서 해결해야 한다.

해설 녹음을 들으며 선택항목을 따라가며 들리는 것을 순서대로 체크해 주시면 도움이 되는 문제이다. 따라서 A, C ,D는 답이 아니다. 답은 B 取物品的时候要注意安全(물건을 꺼낼 때 안전에 주의해야 한다)이다.

《财富》中文版近日第二次公布年度"中国内地最佳商务城市"调查结果，上海、北京和深圳依然位列三甲，而东莞挤掉成都，首次跻身前十位。

本次调查标准主要包括商务环境、商务成本、劳动力供应和生活质量。与去年相比，今年上榜的前十名中新面孔不多，仅东莞一个，长江三角洲有上海、苏州、杭州和宁波入选。今年前三名城市没有变化，但苏州、杭州和宁波这三座城市排名均有不同程度的下降。

《财富》中文版自1996年进入中国，2005年发行量超过140,000份，是中国高级经理人的首选读物之一。该书经时代公司独家授权，由中询公司出版，《财富》及《财富》中文版为时代公司在中国的注册商标。时代公司隶属于全球最大的娱乐和媒体集团时代华纳。

《Fortune》중문판은 최근 년간 두 번째로 "중국내 최적의 비즈니스도시"조사결과를 발표했다. 상해,북경,심천은 여전히 3위권이었고, 둥관은 청두를 밀치고 처음으로 10위권에 들었다. 이번 조사의 기준으로는 비즈니스환경,비즈니스비용,인력공급과 삶의 질을 포함하고 있다. 작년 대비, 올해의 10위권 차트에는 새로운 도시가 많지 않고 단지 둥관 뿐이다. 장강삼각지대에는 상하이,쑤저우,항저우와 닝보가 뽑혔다.올해 3위권 도시들은 변화가 없고, 쑤저우,항저우,닝보 세 도시의 순위는 각자 정도가 다르게 떨어졌다.

《Fortune》중문판은 1996년 처음 중국에 들어왔는데 2005년 발행량이 140,000부을 넘었으며 중국의 우수경영자들이 첫 번째로 꼽는 책이다. 이 책은 TIMES사에 독자적 저작권이 있으며, 중개회사가 출판했다. 《Fortune》및 《Fortune》중문판은 TIMES사의 중국 등록상표이고, TIMES사는 전세계 최대의 엔터테인먼트와 메스컴 그룹인 타임워너 소속이다.

단어 财富 cáifù [명] 재산, Fortune잡지 ㅣ 公布 gōngbù [동] 공포하다 ㅣ 依然 yīrán [부] 여전히

东莞 Dōngguǎn [명사] 둥관(지명) ㅣ 挤掉 jǐdiào [동] 배척하다, 따돌리다 ㅣ 跻身 jīshēn [동] 몸을 두다

供应 gōngyìng [동] 공급하다, 제공하다 ㅣ 上榜 shàngbǎng [동] 게시하다 ㅣ 面孔 miànkǒng [명] 낯, 얼굴

排名 páimíng 순위를 매기다 ㅣ 下降 xiàjiàng [동] 하강하다, 떨어지다 ㅣ 首选 shǒuxuǎn [동] 첫 번째로 뽑다

授权 shòuquán [동] 권한을 부여하다 ㅣ 娱乐 yúlè [동] 오락하다, 즐겁게 하다 ㅣ 媒体 méitǐ [명] 매스컴

时代华纳 shídài huá'nà (기업명) 타임 워너 ㅣ 注册 zhùcè 등록하다, 등기하다

40. (47)

这一次《财富》中文版调查结果显示中国前十位最佳商务城市中没有：

A 东莞　　　　　　B 成都
C 杭州　　　　　　D 宁波

이번《Fortune》중문판 조사 결과에서 중국 10대 최적의 비즈니스도시 가운데 없는 것은?

A 둥관　　　B 청두
C 항주　　　D 닝보

해설 최적의 비즈니스도시는 상해,북경,심천이 여전히 1~3위이고, 둥관은 청두를 밀치고 처음으로 10위권에 들었고, 장강 삼각 지역에서는 상하이,쑤저우,항저우와 닝보가 있다. 따라서 B **成都**가 답이 된다.

41. (48)

下面正确的是：

A 《财富》中文版2005年进入中国
B 《财富》中文版经中询公司独家授权
C 今年上榜的前十名城市中新面孔不多
D 《财富》中文版是全球高级经理人的首选读物

아래문장에서 옳은 것은?

A《Fortune》중국어판은 2005년에 중국에 들어 왔다.
B《Fortune》중국어판은 중개회사에 독자적 저작권이 있다
C 올해 게시된 TOP10 도시 중 새로운 도시는 많지 않다.
D《Fortune》중국어판은 전세계 우수 경영자들이 첫 번째로 꼽는 책이다.

해설 선택항목에서 녹음과 일치하는 것을 찾으면 C가 된다.《Fortune》중국어 판은 중국에 1996년에 들어왔고, TIMES사에 독자적 저작권이 있으며 중국의 우수한 경영자들이 첫 번째로 꼽는 책이다.

　　镇安服饰有限公司是一家专业从事服饰设计、生产和销售的独资企业，创建于1982年，位于上海市中心。公司总资产达数千万元，占地面积15000多平方米，现有8000平方米的现代化标准厂房，600多名高素质的生产技工和一支集设计、营销、管理为一体的优秀团队。年销售收入2.26亿元，公司拥有各类针织设备800多台。"镇安"品牌以"时尚、经典"为设计理念，追求面料、工艺、款式的高品质，适合25-40岁的白领女性。产品远销日本、欧美、东南亚、香港等三十几个国家和地区，并在波兰、俄罗斯、南非设有自己的销售网点。目前，公司正致力于强化内部管理，以设计时尚、面料高贵、工艺精湛为品牌特点进一步拓展市场。

　　쩐안의류회사는 의류설계, 생산과 판매를 전문적으로 하는 독자적인 기업이다, 1982년도에 창립했으며 상해시 중심에 위치하고 있다. 회사 총 자산은 수 천만 위안에 달하며 회사 면적은 15000여 제곱미터이고, 8000제곱미터의 현대화된 공장이 있으며 600여명의 엘리트 생산기술공과 설계, 영업, 관리를 함께 하는 우수 단체다. 연 판매 수입은 2.26억 위안이고 회사에 800여대의 각종 의류생산 장비를 보유하고 있다. "쩐안" 브랜드는 "트렌드, 최고급"을 설계이념으로 삼고 옷감, 공예, 스타일의 고품격을 추구하며 25-40세의 직장인 여성에게 적합하다. 일본, 유럽, 동남아, 홍콩 등 30여개 국가에 수출을 하며 폴란드, 러시아, 남아프리카공화국에도 판매망을 구축하였다. 현재 저희회사는 내부관리강화에 전력을 다하여 트렌드 설계, 고급원단 사용과 정교한 공예를 브랜드 특징으로 삼아 진일보한 시장을 개척해 나가고 있다.

단어　服饰 fúshì [명] 옷과 장신구　∣　销售 xiāoshòu [동] 판매하다　∣　创建 chuàngjiàn [동] 창립하다

总资产 zǒngzīchǎn [명] 총 자산　∣　占地 zhàndì [명] 점령지　∣　面积 miànjī [명] 면적

素质 sùzhì 자질, 소양　∣　技工 jìgōng [명] 기술자, 기능공　∣　营销 yíngxiāo [동] 영업하고 판매하다

针织 zhēnzhī [동] (옷감을) 바늘로 뜨다　∣　时尚 shíshàng [명] 유행　∣　经典 jīngdiǎn [명] 고전

面料 miànliào [명] 옷감, 원단　∣　白领 báilǐng [명] 사무직 근로자　∣　波兰 bōlán [명] 폴란드

南非 nánfēi 남아프리카공화국　∣　精湛 jīngzhàn [형] 훌륭하다, 뛰어나다

拓展 tuòzhǎn [동] 개척하여 발전시키다, 확장하다　∣　领域 lǐngyù [명] 영역

42. 🎧50

<table>
<tr><td>

镇安服饰有限公司的销售网点中没有：

A 波兰
B 俄罗斯
C 日本
D 南非

</td><td>

쩐안의류회사의 판매망에 없는 나라는?

A 폴란드
B 러시아
C 일본
D 남아프리카공화국

</td></tr>
</table>

해설 본문에서 폴란드, 러시아, 남아프리카공화국에 판매망이 있다고 했으니 정답은 C 日本 이다.

43. 🎧51

<table>
<tr><td>

镇安品牌的设计理念是什么？

A 面料高贵
B 工艺精湛
C 现代化生产
D 时尚和经典

</td><td>

쩐안브랜드의 설계이념은 무엇인가?

A 고급원단 사용
B 정교한 공예
C 현대화 생산
D 트렌드와 최고급

</td></tr>
</table>

해설 녹음 뒷부분에 **以设计时尚、面料高贵、工艺精湛**~(트렌드 설계, 고급원단 사용과 정교한 공예~)라고 되어있다. 이것은 브랜드 의 특징이다. 설계이념은 D **时尚和经典**이다.

44. 🎧52

<table>
<tr><td>

目前，公司正致力于什么领域？

A 强化内部管理
B 生产
C 销售
D 营销

</td><td>

현재 쩐안회사는 어떤 영역에 전력을 다하여 있는가?

A 내부관리 강화
B 생산
C 매출
D 영업

</td></tr>
</table>

해설 녹음 뒷 부분에 **目前，公司正致力于强化内部管理**~(현재 회사는 내부관리강화에 전력을 다하여~)라고 되어있다. 따라 서 답은 A이다.

中国的乳业竞争已经到了白热化状态，越来越多的国外乳业巨头选择了离开。造成在华国际乳业巨头撤退的因素是多方面的，外国的乳品企业缺乏奶源，管理成本过高，对中国消费者的有效消费估计不足等都是撤离的原因，而最让外资企业困惑的还是长久的价格战。目前国内的乳业市场正处于转型时期，还不成熟，绝大多数的企业只是以盈利为目的，一些个别的企业为了尽快做到行业老大，不惜成本地挑起价格战，而其他企业为了保住已有的市场，只能跟进。

数据表明，我国乳品企业的总体利润偏低。正常情况下乳品企业的纯利润不应低于8%，而现在行业的平均利润在5%左右。据《证券时报》披露的消息，2003年，蒙牛销售额近50亿元，利润只有1.3亿元，利润率为2.6%，利润率较高的伊利股份也只有3%，不少中小企业出现亏损。

实际上，拉动牛奶及奶制品消费的主要是城镇居民和一些大城市的居民，而相当一部分人生活在农村，收入水平决定了他们在近期或者中长期都不会是潜在消费者。显然，盲目扩大生产规模，一味推出价格战并不是长久之计。

国内企业应该把更多的注意力放在技术更新和产品的升级换代上，不断开发出新产品，了解市场，掌握消费者的需求及变化，生产出适销对路的产品，培养自己的品牌名誉度，才能真正占有市场。

중국의 유제품업 경쟁이 뜨거워지면서 점점 더 많은 외국 유제품업회사들이 떠나기 시작했다. 중국에 있는 글로벌 유제품업들이 철수하게 된 이유는 다양한데, 그 중 외국 유제품기업의 원유공급의 부족, 높은 관리비용, 중국 소비자에 대한 효율적인 소비예측 부족 등이 원인이다. 외국투자기업이 가장 곤혹스러운 것은 역시 장기적인 가격경쟁이다. 현재까지 국내의 유제품업시장은 변화를 겪는 시기로서 미숙한 상태인데 대부분 기업들은 오직 이윤을 목적으로, 또 몇몇 기업들은 업계의 최고봉이 되기 위해서 비용을 아끼지 않고 가격경쟁을 일으키고 또 다른 기업들은 기존에 있던 시장을 유지하기 위해 어쩔 수 없이 따라 가는 추세이다. 데이터자료 결과, 중국의 유제품기업의 총 이윤은 현저히 낮은데 유제품기업의 순 이윤은 8%미만으로 내려가지 않는 게 정상이지만 현재 업계의 평균 이윤은 5%정도이다. 〈증권시보〉의 발표에 따르면, 2003년 蒙牛의 판매액은 50억위안에 달했고 이윤은 1.3억위안에 불과하고, 이윤율이 2.6%이다. 이윤율이 비교적 높은 伊利도 3%에 불과했으며 많은 중소기업들은 적자가 발생했다. 우유 및 유제품소비를 주도하는 것은 도시와 대도시 거주자들이다 하지만 상당부분이 농촌에서 생활을 해서 그들의 소득 수준으로 보았을 때 단기간 혹은 중장기간 내에 잠재소비자가 되기는 어렵다. 분명한 점은, 맹목적으로 생산규모를 확대하거나 무턱대고 가격경쟁을 일으키는 것은 장기적인 계획이 될 수 없다. 국내기업은 더 많은 집중력으로 기술혁신과 생산품의 업그레이드를 통해서 새로운 상품을 부단히 개발해야 하며, 시장조사와 소비자의 요구와 변화를 파악하고 소비자에 맞춘 상품을 생산하면서 자사의 브랜드 평판을 키워야만 진정으로 시장을 점유할 수 있다.

단어 白热化 báirèhuà [동] 백열화하다, 뜨거워지다 | 状态 zhuàngtài [명] 상태 | 巨头 jùtóu [명] 거두
撤退 chètuì [동] 철수하다 | 缺乏 quēfá [동] 부족하다, 모자라다 | 撤离 chèlí [동] 철수하다, 떠나다
困惑 kùnhuò [형] 곤혹스럽다 | 转型 zhuǎnxíng [동] 구조를 바꾸다 | 盈利 yínglì [명] 이익, 이윤
不惜 bùxī [동] 아끼지 않다 | 挑起 tiǎoqǐ [동] 내걸다, 도발하다 | 跟进 gēnjìn [동] 따라 전진하다
偏低 piāndī [형] 너무 낮다 | 低于 dīyú 밑돌다 | 证券 zhèngquàn [명] 유가증권
披露 pīlù [동] 발표하다, 드러내다 | 亏损 kuīsǔn [동] 손해를 보다 | 拉动 lādòng [동] 성장시키다, 향상시키다
显然 xiǎnrán [형] 명백하다, 명확하다 | 盲目 mángmù [형] 맹목적인 | 规模 guīmó [명] 규모
一味 yíwèi [부사] 단순히, 맹목적으로 | 推出 tuīchū [동] 내놓다, 선보이다 | 适销 shìxiāo [동] 소비자의 기호에 맞다
培养 péiyǎng [동] 배양하다 | 品牌 pǐnpái [명] 상표, 브랜드 | 名誉 míngyù [명] 명성

45. 🎧54

让外资企业困惑的最大原因是什么？	외자기업을 곤혹스럽게하는 가장 큰 원인은?
A 外国的乳品企业缺乏奶源 B 对中国消费者的有效消费支出估计不足 C 管理成本过高 D 长久的价格战	A 외국의 유제품기업은 원유공급이 부족하다. B 중국소비자에 대한 효율적인 소비지출의 예측이 부족했다. C 관리비용이 크다. D 장기적인 가격경쟁.

해설 녹음중에 외자기업이 가장 곤혹스럽게 하는 것은 **最让外资企业困惑的还是长久的价格战**(외국투자기업이 가장 곤혹스러운 것은 역시 장기적인 가격경쟁이다)이라고 했으므로 답은 D **长久的价格战**이다.

46. 🎧55

现在中国乳品行业的平均利润是多少？	현재 중국유제품업종의 평균 이윤은 얼마인가?
A 5%左右 B 不低于8% C 只有3% D 2.6%	A 5%정도 B 8%이상 C 오직3% D 2.6%

해설 녹음에서 **现在行业的平均利润在5%左右**(현재 업계의 평균 이윤은 5%정도 이다)이라고 되어있으므로 따라서 정답은 A **5%左右**이다.

47. 🎧 56

国内企业要想真正占有市场，不应该做什么？ A 把注意力放在技术更新上 B 把注意力放在产品的升级换代上 C 盲目扩大生产规模 D 掌握消费者的需求及变化	국내기업이 진정으로 시장을 차지하려면 무엇을 해서는 안됩니까? A 기술 혁신에 집중 하는 것. B 상품의 업그레이드에 집중하는 것 C 맹목적인 생산규모 확대. D 소비자의 요구와 변화를 파악하는 것.

해설 녹음의 뒷부분에 국내기업이 진정으로 시장을 차지하기위한 조건들이 나열되어있다. 조건이 아닌 것은 C 盲目扩大生产规模 이다

女：我发现你们这家航空公司最近推出了一个新的服务项目，"常旅客计划"，请问，什么是"常旅客"？

男：主要是指那些经常乘坐一家或某几家航空公司的飞机的旅客。如果你乘坐了足够的里程，就可以成为航空公司的会员，并享受相应的优惠。乘坐的里程越多，你的会员级别就越高，享受的优惠也越多。

女：关于如何优惠，您能详细介绍一下儿吗？

男：好的。我们公司是这样规定的，如果一位乘客，她的累计里程数达到了我们规定的里程数时，他就可以拿里程数换取提升舱位等级，比如从经济舱换到商务舱，或是从商务舱换到头等舱。也可以不换舱位，用里程数兑换成免费的机票。

女：如何加入"常旅客计划"？

男：填写一张自己经常乘坐的航空公司的会员申请表，就可以免费获得一张会员卡和专用卡号，凭此就可以开始累计里程了。

女：除此之外，还有别的其他方式吗？

男：住宿和购物也可以参加累计里程。国际上大的航空公司都与一批酒店、电讯公司、信用卡公司签有合作合同。旅客居住在这些酒店、打电话、使用信用卡消费时都可以按规定的标准累计里程。这种方式可以使"常旅客"与航空公司的关系更加紧密。

여: 당신네 항공회사에서 요즘 새로운 서비스를 출시했다고 알고 있는데 "단골여행자 프로젝트"의 "단골여행자"가 뭐죠?

남: 주로 한 항공회사나 몇 항공회사의 비행기를 자주 이용하시는 여행객을 가리킵니다. 만약 당신이 충분한 거리의 비행을 해서 항공사의 회원이 되면 거기에 상응하는 혜택을 누릴 수 있습니다. 마일리지가 많을수록 회원등급이 높아지고 누릴 수 있는 혜택도 그 만큼 많아집니다.

여: 혜택에 대해서 자세히 알려주실 수 있나요?

남: 네, 저희 회사의 규칙은 이렇습니다, 만약 승객 한 분의 누적 마일리지가 저희가 규정한 마일리지에 도달했을 시, 마일리지로 좌석 업그레이드를 하실 수 있습니다. 예를 들어 이코노미 좌석에서 비즈니스 좌석, 비즈니스 좌석에서 일등석으로, 좌석 변경을 안하고 마일리지로 비행기표를 살 수도 있습니다.

여: 어떻게 "단골여행자 프로젝트"에 가입 하죠?

남: 본인이 자주 이용하는 항공 회사의 회원 신청서를 작성하시면 회원카드 한 장과 전용 카드 번호를 무료로 발급받는 동시에 마일리지를 누적할 수 있습니다.

여: 이 방법들 외에 다른 방법도 있나요?

남: 투숙과 쇼핑도 마일리지 누적을 하실 수 있습니다, 국제적인 대형 항공 회사들은 여러 호텔, 통신사, 신용카드회사와 협력을 하고 있어서 여행객이 해당하는 호텔에 투숙하거나 전화를 사용하고 신용카드로 소비를 할 경우 규정된 기준에 따라 마일리지가 누적 됩니다. 이런 방식은 "단골 여행자"와 항공회사의 관계를 더 끈끈히 할 것입니다.

 里程 lǐchéng [명] 노정 | 享受 xiǎngshòu [동] 만족을 얻다, 누리다 | 优惠 yōuhuì [형] 우대의
级别 jíbié [명] 등급 | 累计 lěijì [동] 누계하다, 총계하다 | 提升 tíshēng [동] 진급시키다(하다)
舱位 cāngwèi [명] (비행기 등의)좌석 | 经济舱 jīngjìcāng [명] (비행기의) 이코노미석
商务舱 shāngwùcāng [명] (비행기의) 비지니스석 | 头等舱 tóuděngcāng [명] (비행기 등의) 일등석
兑换 duìhuàn [동] 현금으로 바꾸다, 환전하다 | 电讯 diànxùn [명] 전기통신 | 更加 gèngjiā [부] 더, 더욱
紧密 jǐnmì [형] 긴밀하다, 밀접하다

48. 58

"里程累计优惠办法"是怎么样的？	"누적 마일리지 혜택 방법"은 어떠한가요?
A 用里程换取免费机票或提升舱位等级	A 마일리지로 비행기표로 교환하거나 좌석등급을 올린다.
B 用里程换取会员卡	B 마일리지로 회원카드를 교환할 수 있다.
C 用里程可换取增加舱位	C 마일리지로 좌석 수를 늘릴 수 있다.
D 用里程可以住宿和购物	D 마일리지로 투숙과 상품구매를 할 수 있다.

 마일리지 누적 혜택은 본문에서 남자가 **他就可以拿里程数换取提升舱位等级，比如~**(마일리지로 좌석 업그레이드를 하실 수 있습니다. 예를 들어~)라고 말한다. 따라서 답은 **A** 用里程换取免费机票或提升舱位等级이다.

49. 59

从什么时候开始累计里程？	언제부터 마일리지 누적이 가능한가?
A 第一次乘坐该航空公司的飞机时	A 처음 해당 항공회사의 비행기를 탑승했을 때
B 成为航空公司"常旅客"时	B 항공회사의 단골여행객이 되었을 때
C 拿到会员卡和专用卡号时	C 회원카드와 전용 카드번호를 획득했을 때
D 成为高级会员时	D 우수회원이 됐을 때

 마일리지가 언제부터 누적이 가능한지는 본문에서 **填写一张自己经常乘坐的航空公司的会员申请表，就可以免费获得一张会员卡和专用卡号，凭此就可以开始累计里程了。** 본인이 자주 이용하는 항공 회사의 회원신청서를 작성하시면 회원카드 한 장과 전용 카드 번호를 무료로 발급받는 동시에 마일리지를 누적할 수 있습니다.따라서 답은 C 이다.

50. 🎧60

<table>
<tr><td>

下列哪个不参加累计里程?

A 酒店消费   B 租车消费
C 打电话   D 信用卡消费

</td><td>

아래 어느 것이 누적혜택에 해당하지 않는가?

A 호텔 소비   B 렌트카 소비
C 전화   D 신용카드 소비

</td></tr>
</table>

해설 본문에서 뒷부분에 **旅客居住在这些酒店、打电话、使用信用卡消费时**~(여행객이 해당하는 호텔에 투숙하거나 전화를 사용하고 신용카드로 소비를 할 경우~)라고 되어 있다. 따라서 해당하지 않는 것은 B **租车消费**이다.

밑줄 친 빈칸에 A,B,C,D중 알맞은 답을 고르세요.

51.

除了小王，大家＿＿会参加这次活动。 A 才 B 再 C 都 D 只	샤오왕을 제외하고 모두가 이번 활동에 참가할 것이다. A 비로소 B 다시 C 모두 D 오직…

해설 이곳에서는 除了~(以外)，都…(~를 제외하고 모두…)의 표현이다. 따라서 답은 C 都이다.

단어 除了 chú le [개] …외에, …를 제외하고

52.

雨下得这么大，他＿＿不会来了。 A 可否 B 可是 C 可能 D 可以	비가 이렇게나 많이 오는데, 그는 아마도 못 오겠어. A 가능한 지 B 그러나 C 아마도 D 해도 좋다

해설 문장 뒷부분에서 不会는 앞에 可能과 호응을 하여 아마도~아닐지 모른다 혹은 一定会~的(틀림없이~일 것이다)로 호응을 잘한다. 따라서 답은 C 可能이다.

단어 可否 kěfǒu 가부, 가능한지의 여부

53.

他的汉语不是很好，＿＿是口语，还不能用汉语和中国人 熟练地交流。 A 尤其 B 当然 C 不过 D 然而	그의 중국어실력은 썩 좋지 않아, 특히 회화가 안 좋아, 아직 중국어로 중국인과 능숙하게 교류를 하지 못해. A 특히 B 당연히 C 하지만 D 그러나

해설 문장 앞 문장에서 A不是 B 尤其是 C(A는 B가 아니라 특히 C도~이다)의 강조 표현이다. 따라서 답은 A 尤其이다

단어 尤其 yóuqí [부] 특히, 더욱 l 熟练 shúliàn [형] 숙련되어 있다, 능숙하다 l 然而 ránér [접속] 하지만, 그렇지만

54.

我经历了几次找工作的失败，今天终于____了被录用的甜头。

A 遇到　B 受到　C 达到　D 尝到

나는 몇 번의 취업의 실패를 겪고 오늘 드디어 채용의 단맛을 맛 봤어.

A 겪다　B 받다　C 도달하다　D 맛보다

해설 마지막 부분에 **甜头**와 호응하는 단어를 고르는 것이다.그러므로 D 尝到가 답이 된다. 5부분에서는 이렇게 어휘의 호응도 중요하다

단어 经历 jīnglì [동] 겪다, 경험하다　│　失败 shībài 패배(하다)　│　录用 lùyòng [동] 채용하다　│　甜头 tiántou [명] 단맛

55.

在他们眼里，没有什么职业比做演艺明星____能出人头地的了。

A 更　B 最　C 很　D 也

그들의 눈에는 어떤 직업도 연예인을 하는 것보다 두각을 나타낼 수 없다.

A 더　　　B 가장　　C 아주　　D 역시

해설 비교문에서는 일반적으로'A + 比+ B+ 还/更 + 술어성분'의 형식을 취한다. 따라서 선택항목에서 A 更이 답이 된다

단어 演艺 yǎnyì [명] 연기 예술　│　出人头地 chūrén tóudì 〔성어〕두각을 나타내다

56.

听到飞机坠毁的消息后，我脑子里____一片空白，半天说不出一句话来。

A 及时　B 顿时　C 随时　D 准时

비행기 추락소식을 들었을 때, 내 머리 속은 바로 하애졌어,한참동안 말 한마디 안 나오더라.

A 때맞게　　　　　B 즉시,바로
C 언제나　　　　　D 시간에 맞게

해설 顿时는'즉시,바로'라는 뜻을 가지고 보통 과거의 일을 서술할 때 사용한다.
随时는 아무때나의 의미이고, 准时는 규정된 시간에 늦지도 않고 빠르지도 않음을 나타낼 때 사용한다. 문맥상 일이 발생하고 바로 어떤 행동이 이어지므로 B顿时가 답이다

단어 坠毁 zhuìhuǐ [동] (비행기 등이) 추락하여 부서지다　│　空白 kòngbái [명] 공백　│　及时 jíshí [형] 시기적절하다, 때맞다
顿时 dùnshí [부] 즉시, 바로　│　随时 suíshí [부] 수시로, 아무 때나　│　准时 zhǔnshí [형] (규정된) 시간에 맞다

57.

<table>
<tr><td>

六年间，我国粮食总产量和农业总产值翻了一____，农民人均纯收入增长5.8倍。

A 次　　B 届　　C 番　　D 栋

</td><td>

6년 사이, 우리 나라의 농산품 총 생산량과 농업 총 생산치는 배로 증가했다, 농민들의 순 수입이 5.8배 증가했다.

A 번　　　B 회　　　C 차례　　D 채

</td></tr>
</table>

[해설] 양사의 문제인데 이곳에서는 **翻番**이라고 해서 '수량이 갑절이 되다'라는 뜻을 가진다. **次**는 번, **届**는 회,그리고 **栋**은 동, 채라는 뜻으로 건물을 셀 때 사용한다. 따라서 답은 C이다.

[단어] **翻 fān** (수량이) 배로 증가하다　ㅣ　**次 cì** 순서, 차례　ㅣ　**届 jiè** [양] 회, 기, 차　ㅣ　**番 fān** [양] 번, 차례

58.

<table>
<tr><td>

据报道，与朋友聊天、玩游戏等脑力活动的确会使人产生疲惫感，但并不会____过多能量。

A 消耗　　B 消除　　C 消灭　　D 消费

</td><td>

보도에 따르면, 친구와 얘기를 나누거나 게임을 하는 등 정신적 활동은 확실히 피로감을 만든다, 하지만 많은 에너지를 소모하지 않는다.

A 소모하다　　　　B 제거하다
C 소멸하다　　　　D 소비하다

</td></tr>
</table>

[해설] **消耗**는 정신, 힘, 물건, 시간 등을 써서 없애는 것을 나타낸다. **消费**는 생산과 생활 수요의 만족을 위해 재화를 소비하는 것을 의미한다. 따라서 이곳에서 답은 A **消耗**이다.

[단어] **疲惫 píbèi** [형] 피곤하다, 피로하다　ㅣ　**消耗 xiāohào** [동] 소모하다, 소비하다　ㅣ　**消除 xiāochú** [동] 없애다, 제거하다
消灭 xiāomiè [동] 사라지다, 소멸하다　ㅣ　**消费 xiāofèi** [동] 쓰다, 소비하다

59-60.

<table>
<tr><td>

公　　告

　　__59__ 给大家提供更加方便、快捷、优质的服务，中国电信国际漫游服务热线预计于北京时间3月7日00:00至次日05:00进行系统维护。

在此 __60__ ，您可能无法通过客服热线获取服务，固话宽带手机套餐等业务请拨打当地10000号。由此给您带来的不便，我们深表歉意，敬请谅解！

中国电信股份有限公司

2014年3月5日

</td><td>

공　　고

　　여러분에게 더 편리하고 빠르고 우수한 서비스를 제공해드리기 위해서, 중국 전신 국제 로밍 서비스핫라인은 북경시간 3월7일 00:00부터 05:00까지 시스템보호를 진행할 예정입니다. 이 기간 동안, 고객님께서는 서비스핫라인을 통해 서비스를 받지 못하고, 집전화, 랜선, 핸드폰, 요금제 등 업무는 10000번호로 전화해 주세요, 이로 인해 고객님께 불편함을 드려 죄송하고 양해를 구합니다.

중국전신주식회사

2014년3월5일

</td></tr>
</table>

단어　公告 gōnggào [동] 공고하다, 통고하다 ｜ 快捷 kuàijié [형] 빠르다, 민첩하다
优质 yōuzhì [형] 양질의, 우수한 품질의 ｜ 漫游 mànyóu [명] 로밍(roaming) ｜ 预计 yùjì [동] 예상하다, 예측하다
次日 cìrì [명] 다음날, 이튿날 ｜ 维护 wéihù [동] 보호하다, 점검하다 ｜ 获取 huòqǔ [동] 얻다, 획득하다
由此 yóucǐ 그렇기 때문에 ｜ 歉意 qiànyì [명] 사죄의 뜻, 유감의 뜻 ｜ 谅解 liàngjiě [동] 양해하다
至于 zhìyú [동] …의 정도에 이르다, …에 관하여 ｜ 期限 qīxiàn [명] 기한 ｜ 期间 qījiān [명] 기간
其中 qízhōng [명] 그 속, 그 중 ｜ 其时 qíshí [대] 그때, 당시

59.

<table>
<tr><td>

A 因为　　　　　B 对于

C 为了　　　　　D 至于

</td><td>

A …때문에　　　B …에 대해

C …를 위해　　　D 심지어

</td></tr>
</table>

해설　이곳에서는 목적을 나타내는 개사를 찾는 문제이다. 따라서 C 为了가 답이 된다.

60.

<table>
<tr><td>

A 期限　B 期间　C 其中　D 其时

</td><td>

A 기한　B 기간　C …가운데　D 그때

</td></tr>
</table>

해설　내용에서 期间은 어느 일정한 시기부터 다른 어느 일정한 시기까지의 사이를 말하고. 期限은 미리 한정하여 놓은 시기 즉 다른표현으로는 마감에 해당이된다.따라서 답은 B 期间이다.

어순에 맞는 가장 적합한 문장을 고르세요.

61.

A 学汉语现在很多的人。
B 现在学汉语的人很多。
C 人学很多的现在汉语。
D 很多学现在汉语人的。

B 지금 중국어를 배우는 사람이 많습니다.

해설 중국어 문장에서 술어가 형용사일 경우 어순은 주어(~는) + 술어(어떠하다)가 됩니다. 위에서도 무엇(현재 중국어를 배우는 사람)은 어떠하다(매우 많다)의 순입니다. 따라서 답은 B.

62.

A 他跟女朋友一起去上海。
B 他跟女朋友去上海一起。
C 他女朋友一起去上海跟。
D 他女朋友一起跟上海去。

A 그는 여자친구와 함께 상해를 간다.

해설 중국어의 어순은 일반적으로 (관형어+)주어 + 부사어 + 술어 + (관형어+)목적어 이다. 따라서 답은 A 그는 여자친구와 함께 상해를 간다.

63.

A 很有意思的故事他讲。
B 有意思的故事他很讲。
C 他讲的故事很有意思。
D 讲他故事有意思的很。

C 그가 한 이야기는 아주 재미있다.

해설 이 문장 역시 형용사술어문(주어+형용사)이다. 그런데 형용사는 일반적으로 정도부사의 수식을 받는다. 그러므로 很有意思가 되고 이 부분이 술어이므로 주어부분 他讲的故事를 찾으면 된다. 답은 C

64.

A 参加这次比赛资格他没有。
B 没有参加这次比赛他资格。
C 这次比赛他参加没有资格。
D 他没有资格参加这次比赛。

D 그는 이번 경기에 참가할 자격이 없다.

해설 이 문장은 특수문의 일종이다. (没)有+명사1+동사+명사2(명사2를 동사할 명사1 이 있다(없다).예로 **没有时间吃饭**。(밥을 먹을 시간이 없다)따라서 답은 D.

단어 资格 zīgé [명] 자격

65.

A 癌症是导致主要因素的饮食不当。
B 是导致癌症的主要因素饮食不当。
C 导致癌症是饮食不当的主要因素。
D 饮食不当是导致癌症的主要因素。

D 안 좋은 음식습관은 암을 초래하는 주요 요소이다.

해설 导致라는 단어는 어떤 (좋지못한)사태를 초래한다는 의미를 가지고 있다. 그럼 무엇이 어떤 안좋은 결과(癌症)를 가지고 오는 지 알면 답이 된다. 따라서 답은D.

단어 癌症 áizhèng [명] 암 ㅣ 因素 yīnsù 구성 요소 ㅣ 导致 dǎozhì [동] 야기하다, 초래하다
饮食 yǐnshí (음식을) 먹고 마시다 ㅣ 不当 bùdàng [형] 적절하지 않다

66.

A 昨天他一场电影去看了。
B 昨天他去看了一场电影。
C 昨天他看了电影去一场。
D 昨天他看了去电影一场。

B 어제 그는 영화 한편을 보러 갔다.

해설 이 문장에서는 연동문의 어순에 주의하자. 일반적으로 주어+**去/来**(+장소)+동사+목적어이다. 따라서 답은 B.

67.

<table>
<tr><td>

A 妈妈嘱咐我要再三当心。
B 妈妈再三要嘱咐我当心。
C 妈妈再三嘱咐我要当心。
D 妈妈嘱咐要我当心再三。

</td><td>

C 엄마는 나에게 거듭 주의하라고 당부하셨다.

</td></tr>
</table>

해설 嘱咐는 ~를 해야 할 지, 혹은 하지 말아야 할 지 알려주는 것을 말한다. 再三은 부사어로서 술어 嘱咐를 꾸미고, 당부하는 주체가 妈妈라서 뒷부분 목적어 부분을 살펴보면 '내가 조심을 해야한다(我要当心)'이다. 따라서 답은 C.

단어 嘱咐 zhǔfù [동] 당부하다, 부탁하다, 타이르다 ㅣ 再三 zàisān [부] 재삼, 거듭
当心 dāngxīn [동] 조심하다, 주의하다

68.

<table>
<tr><td>

A 感动了小李真诚的态度被他。
B 他被小李真诚的态度感动了。
C 真诚的小李被态度感动了他。
D 小李被态度感动了真诚的他。

</td><td>

B 그는 샤오리의 진실된 태도에 감동했다.

</td></tr>
</table>

해설 피동형 문장의 어순이다. 무엇(누구)1+被+무엇(누구)2+술어+기타성분이다. 이것은 원래 '무엇(누구)2+술어+기타성분+무엇(누구)1'의 형태의 문장의 변형이다. 따라서 B 他被小李真诚的态度感动了가 답이다

단어 真诚 zhēnchéng [형] 진실하다, 참되다 ㅣ 感动 gǎndòng [동] 감동하다 ㅣ 态度 tàidu [명] 태도

69.

<table>
<tr><td>

A 一个人从车上下来走了这时。
B 一个人从车上这时下来了走。
C 这时从车上走下来了一个人。
D 这时一个人下来走了从车上。

</td><td>

C 이 때 차에서 한 사람이 내렸다.

</td></tr>
</table>

해설 부사어는 일반적으로 시간(언제)+장소(어디에서)+술어~의 순이다. 그러므로 이곳에서도 C 这时从车上走下来了一个人가 답이다.

70.

<table>
<tr><td>

A 拿出礼物小李为妻子精心准备的。
B 拿出小李精心准备的礼物为妻子。
C 小李拿出为妻子精心准备的礼物。
D 小李精心准备的礼物为妻子拿出。

</td><td>

C 샤오리는 아내를 위해 심혈을 기울인 선물을 꺼냈다.

</td></tr>
</table>

해설 여기서는 拿出(꺼내다)의 주체가 되는 것을 찾으면 小李라는 것을 알 수 있다. 그럼 목적어는 礼物(선물). 小李拿出礼物인데 어떠한 선물인지를 설명해 주는 부분을 찾으면 좋을 것 같다. 따라서 답은 C.

단어 精心 jīngxīn [형] 세심하다, 심혈을 기울이다 ｜ 礼物 lǐwù [명] 선물

아래 그림상의 내용과 일치하는 답을 하나 고르세요.

71.

A 这是一个俱乐部招聘广告。
B 此活动的报名期限为一个月。
C 此俱乐部的主要活动是赛马和桌球。
D 加入此俱乐部就可以获得奖金2000元。

A 이 포스터는 클럽 채용광고이다.
B 이 행사의 신청기간은 한 달이다.
C 이 클럽의 주요활동은 경마와 당구이다
D 이 클럽에 가입하면 상금2000위안을 받을 수 있다.

해설 이 포스터는 클럽 당구대회이고 신청기간은 1달이며 당구대회이고 총상금은 2000위안이다. 그러므로 답은 B이다.

단어 赛马 sàimǎ [동] 경마하다 ｜ 桌球 zhuōqiú [명] 당구.탁구 ｜ 俱乐部 jùlèbù [명] 클럽
争霸 zhēngbà [동] 패권을 다투다 ｜ 台球 táiqiú [명] 당구 ｜ 奖金 jiǎngjīn [명] 상금, 장려금
期待 qīdài [동] 기대하다, 기다리다 ｜ 加入 jiārù [동] 가입하다 첨가하다 ｜ 黑八 hēibā 8구(포켓볼)

72.

朱凯标

团队经理

中国铁通集团有限公司广州分公司

地址：广州市环市东水荫路2号华信大厦东座6楼

电话：020-61820908　　　传真：020-61820368
　　　020-62146816

手机：13926285212　　13312822798

邮箱：zkbybbs@163.com

故障处理电话：10050　　61205555

주카이비아오

그룹 사장

중국철통그룹주식회사 광저우지사

주소: 광저우시 환스동수이인로 2번지

　　　화신빌딩동측6층

전화: 020-61820908　　　팩스: 020-61820368
　　　020-62146816

핸드폰: 13926285212　　13312822798

이메일: zkbybbs@163.com

고장처리 전화번호: 10050　　61205555

A 广州市的区号是020。

B 中国铁通的总公司在广州。

C 朱凯标的联系电话是020-61820368。

D 如果发生故障时，应拨打朱凯标的手机。

A 광저우시의 지역 번호는 020이다.

B 중국철통의 본사는 광저우에 있다.

C 주카이비아오의 연락처는 020-61820368이다.

D 만약 고장이 발생했을 시 주카이비아오에게 연락해야 한다.

해설 문장에서 광주시의 지역번호는 020이고, 중국철통의 지사는 광저우에 있고 020-61820368는 팩스번호이고 고장 처리시 주카이비아오에게 연락해야 한다는 말은 없다. 따라서 답은 A이다.

단어 团体 tuántǐ [명] 단체 ｜ 故障 gùzhàng [명] 고장 ｜ 处理 chǔlǐ [동] 안배하다, 처리하다

73.

123酒吧

使用须知

- 本卷限于有效期内使用，不挂失、过期作废、盖章生效；123酒吧
- 本卷隔日生效，不设找零，不兑换现金；
- 本卷消费满**200**元抵**50**元；
- 请于结账前出示，结账后出示无效（谢绝自带酒水，及食品）；
- 本店对此内容保留最终解释权；

有效期：　　年　　月　　日
逾期作废

123 BAR

사용시 주의사항

- 이 쿠폰은 유효기간 내에 사용 해야 하며, 분실불가, 유효기간이 지나면 폐기처리 되며, 날인해야 효력이 발생합니다. 123 BAR
- 이 쿠폰은 다음날부터 사용가능하며, 잔액 환불 불가, 현금교환 불가.
- 이 쿠폰은 200위안이상 썼을 시 50위안 할인.
- 결제 전에 제시해 주시고, 결제 후 제시할 시 무효처리(술, 음식 반입불가).
- 본 매장에서 위 내용의 최종 해석권을 가지고 있습니다.

유효기간:　　년　　월　　일
기한이 넘으면 사용하지 못함.

A 此券当日即可使用。
B 应在付款后出示此券。
C 此券无须盖章即可使用。
D 消费200元以上时可使用此券。

A 이 상품권은 당일 바로 사용 가능하다.
B 결제한 후에 상품권을 내야 한다.
C 이 상품권은 날인하지 않아도 사용 가능하다.
D 200위안이상 쓰면 상품권을 사용할 수 있다.

해설 이 상품권은 다음날부터 사용가능하고, 결제 전에 제시해야 하고 날인이되어야 가능하고 200위안이상 사용시 50원할인을 준다고 써 있다. 따라서 답은 D이다.

단어 酒吧 jiǔbā [명] 바(bar), 술집 ㅣ 须知 xūzhī [명] 주의 사항, 준칙 ㅣ 挂失 guàshī 분실신고를 하다
作废 zuòfèi [동] 폐기하다 ㅣ 盖章 gàizhāng 도장을 찍다, 날인하다 ㅣ 生效 shēngxiào [동] 발생하다
隔日 gérì [동] 하루를 거르다 ㅣ 兑换 duìhuàn [동] 현금으로 바꾸다 ㅣ 抵 dǐ [동] 배상하다, 변상하다
逾期 yúqī 규정된 기한을 넘기다

74.

<table>
<tr><td>

广州大学　　　　　　　轻化 系

零三　级学生　邓丽怡　于　零五　年 一 月
参加国家大学英语四级考试，经审核，已达到
《大学英语教学大纲》四级的教学要求，成绩
　合格，授予大学英语四级证书。

填发日期：2005年 3 月 1 日　　　教育部高等教育司
证书编码：0514285935110218　　委托填发单位

</td><td>

광저우대학　　　경화학 학과

03학번 떵리이 학생은 05년도 1월에 국가 대
학 영어4급시험에 참가했으며, 심사 결과, 《
대학영어교육방침》 4급의 교육수준에 달하
여 합격했으므로 대학영어4급 증명서를 수여
합니다.

발급 날짜: 2005년3월1일　교육부고등교육사
자격증 번호: 0514285935110218　위탁 발급처

</td></tr>
<tr><td>

A 此证书持有者的专业是英文系。
B 此证书的颁发日期是2005年1月。
C 此证书持有者的入学时间是2003年。
D 此证书持有者是于2005年3月1日参加
　的考试。

</td><td>

A 이 자격증의 소유자는 영문학과이다.
B 이 자격증의 발급 날짜는 2005년 1월이다.
C 이 자격증의 소유자의 입학시기는 2003년
　이다.
D 이 자격증의 소유자는 2005년3월1일 시험
　에 참가했다.

</td></tr>
</table>

해설　본문에서 경화학과이며 발급일은 2005년3월이고 입학년도는2003년이다 시험에 참가한 날짜는 2005년도1월이다. 그러므로 답은 C이다.

단어　轻化 qīnghuà 경화학　|　审核 shěnhé [동] 심의하다　|　授予 shòuyǔ [동] 수여하다, 주다
填发 tiánfā [동] 기입하여 발행하다

75.

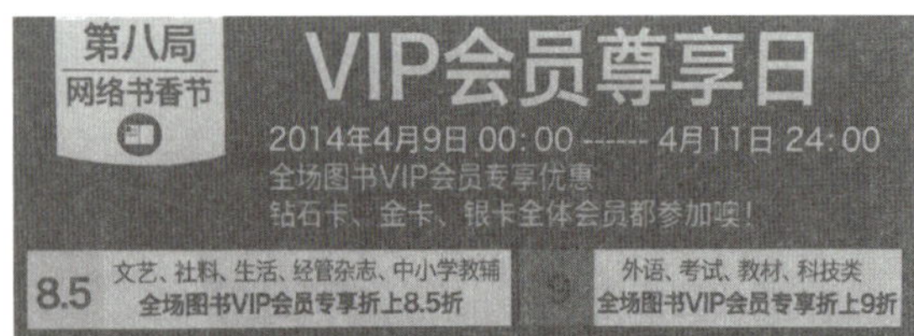

제 8 회   VIP회원의 날
인터넷 책 축제

2014년4월9일 00:00 ---- 4월11일 24:00
전 매장 서적 VIP회원 할인 혜택
다이아몬드 카드, 골드 카드, 실버 카드
회원 전부 참가 가능합니다!

| 문예, 사회과학, 라이프스타일, 경영잡지 초중학교 교재 전 매장 VIP회원 15% 할인 | 외국어, 시험, 교재, 테크놀로지 서적 전 매장 VIP회원 10 % 할인 |

A 此次活动全体会员都可以参加。
B 购买中小学参考书可享受9折优惠。
C 此次活动到4月11日凌晨一点为止。
D 生活类图书和科技类图书的折扣优惠不同。

A 이번 이벤트는 전체회원이 참가할 수 있다.
B 초, 중학교 참고서를 구매할 시 10% 할인을 받을 수 있다.
C 이번 이벤트는 4월11일 새벽 1시까지 이다.
D 라이프 스타일 책과 과학 기술 책은 할인율이 다르다.

해설 이번 이벤트는 다이아몬드카드, 골드카드, 실버카드 회원 전부참가 가능한것이고 일반회원을 포함한 전체회원은 아니다. 교과서는 15%할인이고, 4월 11일 24시까지이다. 그러므로 D가 답이다.

단어 优惠 yōuhuì [형] 특혜의, 우대의 ㅣ 钻石 zuànshí [명] 다이아몬드 ㅣ 文艺 wényì [명] 문예
经管 jīngguǎn [명] 경영 관리 ㅣ 教辅 jiàofǔ [형] 교육 보조용의

76.

<table>
<tr><td>

呐　喊

鲁　迅著
责任编辑 / 张红梅　张　芸
装帧设计 / 小　贾

北京燕山出版社出版发行
北京市宣武区陶然亭路 53 号　邮编 100054
全国新华书店经销
三河市北燕印装有限公司印制

开本 915 x 1220　1/32　印张 7　字数 200,000
2011 年 2 月第 3 版　2013 年 1 月第 6 次印制

定价：15.00 元

版权所有　盗版必究

</td><td>

외침
루 쉰 저
책임편집/ 장홍메이 장원
디자인설계/ 샤오지아

베이징 옌산 출판사 출판 발행
베이징시 쉬엔우구 타오란팅로 53번지
우편번호 100054
전국 신화서점 중개판매
싼흐어시 베이옌 인쇄주식회사 인쇄

판형 915x1220 1/32　인쇄용지 7
글자수 200,000
2011년 2월 제3판　2013년 1월 6쇄

정가: 15.00위안
판권소유 불법복제는 처벌을 받습니다.

</td></tr>
</table>

<table>
<tr><td>

A 此书的作者是张红梅、张芸。
B 此书第3次印刷的时间是2011年2月。
C 此书是由三河市北燕印装有限公司印刷制作。
D 此书是由全国新华书店代销。

</td><td>

A 이 책의 작가는 홍메이와 장원 이다.
B 이 책의 3차 인쇄 시기는 2011년2월 이다.
C 이 책은 싼흐어시 베이옌인쇄주식회사에서 인쇄제작 됐다.
D 이 책은 전국의 신화서점에서 대리판매한다.

</td></tr>
</table>

해설 위 설명을 보면 저자는 루쉰이고,이 책의 3판이2011년2월이고,이 책은 싼흐어시 베이옌인쇄주식회사에서 인쇄제작되었고 전국신화서점에서 중개판매되고 있다.여기서 **经销**는 국영기업이 자체상품을 개인소매점에 위탁하여 중개판매하는 것이고, **代销**는 국영상점이 공급원을 관할하고,상품을 개인의 소매점에 위탁하여 대리판매시키는 것이다. 따라서 답은 C이다.

단어 **呐喊** nàhǎn [동] 외치다, 고함치다 ｜ **编辑** biānjí [동] 편집하다 ｜ **装帧** zhuāngzhēn [명] 장정
设计 shèjì [동] 설계하다, 디자인하다 ｜ **经销** jīngxiāo [동] 중개 판매하다 ｜ **印制** yìnzhì [동] 인쇄 제작하다
开本 kāiběn [명] 판형, 형, 판 ｜ **印张** yìnzhāng [명] 인쇄 용지 무게 계산 단위 ｜ **定价** dìngjià [동] 가격을 정하다
盗版 dàobǎn [명] 해적판

77.

中华人民共和国机动车驾驶证副页

证号 4302☐☐☐☐☐☐☐☐

姓名    档案编号 4302002☐☐☐☐☐

记录 2012年09月28日起准许驾驶校车，准驾车型B1。

审验有效期至 2013 年 03 月 06 日 （湘B）

清于2015年03月06日前九十日内申请

换领新驾驶证。

·43X0005829312·

중화인민공화국 자동차 면허증 이면

번호:

성함:　　　　　　문서번호:

기록 2012년9월28일부로 스쿨버스 운전을 허락함, 운전 가능한 모델B1

심의유효기간 2013년03월06일 까지(후난B)

2015년03월06일에서 90일전에 새 면허증을 신청 재발급 받아 주세요.

A 持此驾驶证可以驾驶车型B1。

B 持此驾驶证的人不能驾驶校车。

C 2015年3月6日之后需换领新驾驶证。

D 此驾驶证审验有效期到2012年3月6号为止。

A 이 면허증의 소유자는 B1모델 차량을 운행할 수 있다.

B 이 면허증의 소유자는 스쿨 버스를 운전할 수 없다.

C 2015년3월6일 후로 재발급 받아야 한다.

D 이 면허증의 심의 유효기간은 2012년3월6일까지이다.

해설 위 면허증은 B1모델차량을 운행할 수 있고, 스쿨버스를 운행할 수 있고, 2015년3월6일 에서 90일전에 새 면허증을 발급받을 수 있다. 따라서 답은 A이다.

단어 驾驶证 jiàshǐzhèng [명] 운전면허증 ｜ 副页 fùyè [명] 이면, 부면 ｜ 准许 zhǔnxǔ [동] 허가하다
审验 shěnyàn [동] 검사하여 확인하다

78.

<table>
<tr><td>

安 全 须 知

进入变电站高压设备场区、请戴好安全帽，禁止翻越围栏。注意与带电设备保持足够的安全距离；
110kV 1.5m　　10kV 0.7m
生产场区内禁止吸烟，高处作业请系好安全带。

</td><td>

안전 유의사항

변전소 고압 설비구역에 들어갈 때는 안전모를 써주시고 담을 넘지 마세요.
전력시설과 충분한 안전거리를 유지하는 것에 주의하세요.
110kv 1.5m　　10kv 0.7m
생산구역내는 금연이며, 높은 곳에서 작업할 시에는 안전벨트를 메주세요.

안전모	월담	흡연	안전벨트
필수	금지	금지	필수

</td></tr>
</table>

A 在变电站生产场区内可以吸烟。 B 只有进行高处作业时才必须要系安全带。 C 与所有带电设备应保持1.5米的安全距离。 D 进入变电站高压设备场区时，应戴好安全帽后翻越围栏。	A 변전소 생산구역내에서 흡연이 가능하다. B 높은 곳에서 작업할 때만 안전벨트를 반드시 해야 한다. C 모든 전력설비와 1.5미터의 안전거리를 유지해야 한다. D 변전소 고압시설구역에 들어갈 때는 안전모를 쓰고 담을 넘어야 한다.

해설 변전소 구역 안에서는 금연이고, 높은곳에서 작업할때는 안전벨트를 메야하고 100kv일때는 1.5m 10kv 일때는 0.7m안전거리를 두어야 한다.시설내에서는 또 안전벨트를 쓰고 월담은 금지이다. 따라서 답은 B이다.

단어 变电站 biàndiànzhàn [명] 변전소 ｜ 高压 gāoyā [명] 고압 ｜ 翻越 fānyuè [동] 뛰어넘다, 넘어가다
围栏 wéilán [명] 울타리

79.

全国工业产品生产许可证

(副本)

连云港诺信食品配料有限公司

经审查，你单位生产的下列产品符合取得生产许可证条件，特发此证。

产品名称：食品添加剂（明细见附后）
住所：连云港市新浦区浦南开发区
生产地址：江苏省连云港市新浦区浦南开发区
证件编号：苏 XK13-217-00115
有效期至：2016年9月12日

전국 공산품 생산허가증
(부본)

리엔윈강루어씬식품조미료유한회사

심사결과, 귀사에서 생산하는 아래 생산품들은 생산허가증을 취득하는 조건에 부합하므로, 이 증서를 발행합니다.

상품명: 식품첨가제 (상세설명은 뒤쪽 참조)
주소: 리엔윈강시 신푸구 푸난개발구
생산지: 지앙쑤성 리엔윈강시 신푸구 푸난개발구

증명서 번호: 쑤 XK13-217-00115
유효기간: 2016년9월12일까지

A 此生产许可证是正本的复印件。

B 此许可证于2016年9月12日届满。

C 连云港诺信公司主要生产食品和饲料添加剂。

D 此许可证的持有者是江苏省质量技术监管局。

A 이 생산허가증은 복사본이다.

B 이 허가증은 만기일이 2016년 9월12일이다.

C 리엔윈강루어씬회사는 주로 식품과 사료첨가제를 생산한다.

D 이 허가증의 소유자는 지앙쑤성 품질기술감독관리위원회 이다.

해설 이 증서는 부본이고, 2016년9월12일까지 만기이며, 식품첨가제를 생산한다. D부분은 언급이 없다. 따라서 답은 B이다.

단어 许可证 xǔkězhèng [명] 허가증 | 配料 pèiliào 원료를 혼합하다 | 审查 shěnchá [동] 심사하다
添加剂 tiānjiājì [명] 첨가제 | 明细 míngxì [형] 명확하고 상세하다 | 证件 zhèngjiàn [명] 증명서
编号 biānhào [명] 일련번호 | 届满 jièmǎn [동] 만기가 되다

80.

储备店长
■有相关行业管理经验或中专以上学历
■诚实、自信，乐于从事连锁餐饮业
■性格开朗，善于与人沟通

服务员
■18-25岁，初中以上学历
■身体健康，良好的服务意识
■性格开朗，善于与人沟通

以上职业公司提供系统培训，待遇面谈

有意者请进店咨询店长

예비 점장
■ 관련 업무 관리경험이 있거나 중등전문학교이상 학력 소유자.
■ 성실하고 자신감 있고 요식업 체인점에서 즐겁게 일하실 분.
■ 성격이 밝고 사람과 소통을 좋아하는 분

직원
■ 18-25세, 중학교 이상 학력 소유자.
■ 건강하고 서비스 정신이 투철하신 분.
■ 성격이 밝고 사람과 소통을 좋아하는 분

이상 직업은 회사에서 시스템교육을 제공해 드립니다, 대우는 면담입니다
지원희망자는 가게에 들어오셔서 점장과 상의하세요.

A 这是一家个体餐饮店的招聘广告。
B 储备店长必须要有中专以上学历。
C 待遇问题在公司提供培训时进行面谈。
D 应聘者可以向店长咨询有关的详细信息。

A 이것은 개인음식점의 모집광고 이다.
B 예비점장은 반드시 중등전문학교 이상의 학력이 필요하다.
C 대우 문제는 회사에서 교육을 받을 때 면담을 할 수 있다.
D 지원자는 점장에게 관련된 자세한 정보를 상담 받을 수 있다.

해설 위 문제는 요식업체인점 광고이고, 예비 점장은 관련 업무 관리경험이 있거나 중등전문학교이상 학력 소유자이고,대우문제는 회사에서 교육을 받을 때 면담을 할 수 는 것이 아니라 그냥 면담을 통해 할 수 있다, 그리고 지원희망자는 점장에게 상담받을 수 있다.그러므로 정답은 D이다.

단어 储备 chǔbèi [동] 비축하다 ┃ 连锁 liánsuǒ [명] 체인점 ┃ 餐饮业 cānyǐnyè [명] 외식산업, 요식업
沟通 gōutōng [동] 교류하다, 소통하다 ┃ 咨询 zīxún [동] 의견을 구하다, 컨설팅하다

品 质 承 诺

即日起凡购买海尔一体式太阳热水器, 均可享受:

海尔一体式太阳热水器主部件:水箱、支架、真空管6年保修。

超值品质承诺, 免除您后顾之忧!

特别提示

1、当一体式太阳热水器用作商业用途时, 不属于本卡服务范围

2、此卡在国家规定使用期内有效

3、此卡服务项目仅对2010年9月1日后购买有效

품 질 승 인

오늘부터 하이얼 일체식 태양온수기를 구매하시면:

하이얼 일체식 태양온수기 주요부품: 물탱크, 받침대, 진공파이프 6년 무상수리의 혜택을 누리실 수 있습니다!

최고의 품질을 약속합니다, 후회하지 않을 겁니다!

유의사항

1. 일체식 태양온수기를 상업용도로 사용할 시 본 카드의 서비스를 받을 수 없습니다.

2. 이 카드는 국가가 규정한 사용기간 내에 유효합니다.

3. 본 카드의 서비스 부분은 2010년 9월1일 이후 구매한 품목에만 유효합니다.

A 此卡的使用有效期至2010年9月1日。

B 支架不属于海尔一体式太阳热水器的主部件。

C 2008年购买的海尔一体式太阳热水器也能享受此服务项目。

D 6年包修只适用于用作非商业用途的海尔一体式太阳热水器。

A 이 카드의 유효기간은 2010년9월1일까지이다.

B 받침대는 하이얼 일체식 태양온수기의 주요 부품이 아니다.

C 2008년도에 구매한 하이얼 일체식 태양온수기도 이 서비스를 받을 수 있다.

D 6년 무상수리는 비상업용도의 하이얼 일체식 태양온수기에만 해당 된다.

해설 이 카드는 2010년9월1일이후 구매한 상품에 적용되며, 받침대는 주요부품이고, 6년 무상수리는 비 상업용도의 하이얼 일체식 태양온수기에 해당한다.따라서 정답은 D이다.

단어 承诺 chéngnuò [동] 승낙하다 | 即日 jírì [명] 당일, 그날 | 热水器 rèshuǐqì [명] 온수기

水箱 shuǐxiāng [명] 물탱크, 물통 | 支架 zhījià [명] 받침대, 지지대 | 真空管 zhēnkōngguǎn [명] 진공관

超值 chāozhí [동] 비용 가치를 뛰어넘다 | 免除 miǎnchú [동] 없애다, 제거하다

后顾 hòugù [동] 회상하다, 기억하다

전화로 기차표를 예매하는 방법

예약기간:매표소보다 빠르게 매일6:00-23:00
하지만 3일(당일 포함)이내 기차표
는 처리 안됨/
95105105

당일 12시 전에 표를 예약하면 당일 24시까지
보류
당일 12시 후에 표를 예약하면 둘째 날 12시
까지 보류

예약가능
정가표, 어린이표, 학생표,
상이군인표(변경/취소불가)

예약가능
중화인민공화국 신분증,
홍콩, 마카오 거주민 내륙 통행증,
대만 거주민 중국통행증, 여권

A 电话订票不提供改签和退票服务。
B 拨打订票热线可以订购当天的车票。
C 儿童票、学生票也可通过拨打免费订
票热线预订。
D 港澳台居民也可凭身份证电话订购车
票。

A 전화 예매는 변경과 취소서비스를 제공하
지 않는다.
B 예매 핫라인에 전화를 걸면 당일 차표를 예
매할 수 있다.
C 어린이표, 학생표도 무료 예매 핫라인에 전
화해서 예매할 수 있다.
D 홍콩, 마카오, 대만 주민도 신분증으로 전
화 예매가 가능하다.

해설 위 문장에서 상이군인만 변경/취소가 불가하고, 당일과 3일이내의 표는 처리 안되고,홍콩,마카오는 내륙통행증을 대만은
중국통행증이나 여권을 필요로 하고, 어린이표와 학생표는 무료예매핫라인에서 예매 할 수 있다.그러므로 답은C 이다.

단어 订购 dìnggòu [동] (물건을) 주문하다 ㅣ 窗口 chuāngkǒu [명] 창구 ㅣ 预售 yùshòu [동] 예매하다
预订 yùdìng [동] 예약하다 ㅣ 残废 cánfèi [명] 장애인

83.

지우양 조리 기기
모델명: JYL-C020

- 전압: 220V~50HZ
- 출력: 250W
- 회전 속도: 18000-23000회/분
- 반죽, 두유, 조리, 가루 분쇄, 고기 분쇄
- 스마트컨트롤기술, 조작이 더 간편합니다
- 전자동 청소시스템, 더욱 수월합니다
- 초미세 분쇄기술, 빠르고, 섬세하고, 영양까지 챙겼습니다.
- 저소음, 더욱 편안합니다

A 九阳料理机使用时必须加入水。
B 九阳料理机拥有全自动清洗程序。
C 九阳料理机最高转速为每分钟2300转。
D 九阳料理机最大的优点是不产生噪音。

A 지우양 조리 기기를 사용할 때 반드시 물을 넣어야 한다.
B 지우양 조리 기기는 자동 청소 기능이 있다.
C 지우양 조리 기기의 최고 회전속도는 1분에 2300번이다.
D 지우양 조리기기의 장점은 소음이 없는 것이다.

해설 지우양 조리기기는 물을 넣는다는 말은 없고, 자동청소 기능이 있고, 1분에 23000번 회전을 하며, 저소음이다. 따라서 답은 B 이다.

단어 料理机 liàolǐjī 조리 기기 | 电压 diànyā [명] 전압 | 转速 zhuànsù [명] 회전속도 | 搅拌 jiǎobàn [동] 반죽하다
调理 tiáolǐ [동] 조리하다 | 绞肉 jiǎoròu [동] 고기를 갈다 | 省心 shěngxīn 근심을 덜다 | 粉碎 fěnsuì 분쇄하다
噪音 zàoyīn [명] 소음 | 舒心 shūxīn [형] 편안하다

体检须知

**为做好体检工作
请按照如下程序进行**

1、体检前 2 日不饮酒, 体检日早晨空腹。女性体检要保持膀胱充盈(做妇检 B 超用)

2、门诊一楼体检科测身高, 体重, 测血压, 开化验检查单。

3、门诊一楼化验室抽血, 留大小便标本(女性要先做 B 超后化验小便)

4、住院部内科楼一楼, 心电图, B 超, x 线检查。

5、体检结束, 检查报告由体检科统一收集整理。建立健康档案, 做体检结论, 通知体检者本人。

신체검사 주의사항

신체검사를 위해 아래 절차대로 진행해 주세요.

1. 검사 이틀 전부터 음주를 피하시고 당일 아침 공복을 유지해야 하며, 여성분은 방광이 가득차야 합니다. (부인과 B형 초음파 진단 시 필요)
2. 진단실 1층 신체 검사과에서 신장, 몸무게, 혈압측정을 하시고 화학검사 진단서를 받으세요.
3. 진단실 1층 화학검사실에서 피 검사를 하시고 대소변 샘플을 남겨주세요. (여성분은 B형 초음파 검사 후 소변 화학검사를 하세요)
4. 입원부 내과동 1층에서 심전도, B형 초음파 검사, X-ray검사를 받으세요.
5. 신체검사가 끝나면 검사 자료는 신체 검사과에서 한 번에 수집해 가서 파일로 만들고 신체검사 결과를 피검사자에게 통지합니다.

A 做妇检B超是需要适当积尿。

B 测血压、抽血、做B超都在门诊一楼进行。

C 无论男女都必须先做B超后化验小便。

D 体检者在体检结束后即可拿到体检报告。

A 부인과 B형 초음파 검사를 하기 위해서는 소변을 적당히 참아야 한다.

B 혈압측정, 피 검사, B형 초음파 검사 모두 진단실 1층에서 진행한다.

C 남녀 불문하고 반드시 B형 초음파 검사를 한 후에 소변검사를 해야 한다.

D 피검사자는 신체검사가 끝나면 바로 결과를 받을 수 있다.

해설 여성은 소변을 방광에 가득 참아야 하고,부인과 B형초음파 진단시 필요하고 바로 검사결과를 통지하는 것은 아니고, 혈압측정, 피 검사, B형 초음파 검사 모두 진단실 1층에서 진행한다 그러므로 정답은 B이다.

단어 体检 tǐjiǎn [명] 신체검사 ㅣ 空腹 kōngfù [동] 공복 ㅣ 膀胱 pángguāng [명] 방광

充盈 chōngyíng [동] 가득 차다, 가득 고이다 ㅣ 妇检 fùjiǎn [명] 妇科检查 (부인과 검사)

抽血 chōuxuè [동] 피를 뽑다

85.

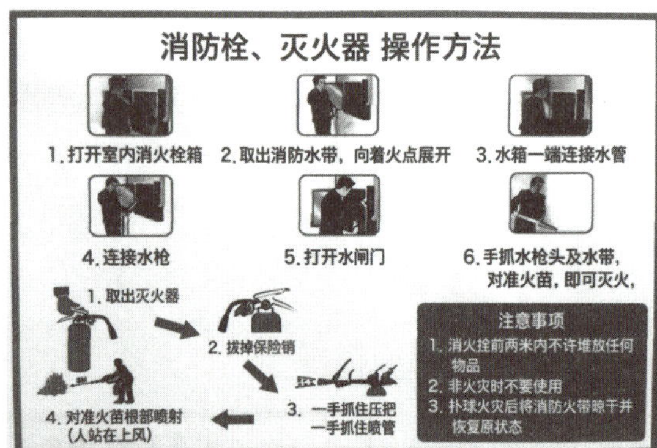

소화전,소화기 사용방법

1. 실내소화전 상자 문을 연다.
2. 소방 호스를 꺼내서 발화점을 향해 펼쳐둔다.
3. 물탱크의 한 쪽을 호스와 연결한다.
4. 분사총을 연결한다.
5. 소화전 밸브를 연다
6. 분사총과 호스를 잡고 발화점에 조준하면 불을 끌 수 있다.

1. 소화기를 꺼낸다. → 2. 안전고리를 제거한다. → 3. 한 손으로 손잡이를, 다른 한 손으로 노즐을 잡는다. → 4. 발화점에 조준해 분사한다(사람은 바람을 등지고 서야 합니다)

주의사항
1. 소화전 전방 2미터 내에 어떤 물품도 둘 수 없습니다.
2. 화재가 아닐 시 사용하지 마세요.
3. 불을 끈 후에 호스는 햇볕에 말리고 원래 상태대로 정리한다.

A 使用灭火器时应对准火苗上部进行喷射。
B 使用消火栓时应与着火点保持两米以上的距离。
C 使用消火栓后应立即将消防火带放回原来的位置。
D 使用灭火器时须先拔掉保险销，然后一手握住压把，一手握住喷管。

A 소화기를 사용할 때 발화점 위를 조준하여 분사해야 한다.
B 소화전을 사용할 때 발화점과 2미터 이상 거리를 유지해야 한다.
C 소화전을 사용한 후 소방 호스를 즉각 제 위치에 둬야 한다.
D 소화기를 사용할 때 안전고리를 반드시 먼저 제거하고 한 손으로 손잡이를, 한 손으로 노즐을 잡아야 한다.

해설 본문에서 내용을 보면 발화점을 조준하여 분사하고,소화전 전방 2m내에 물건을 두면 안되고, 사용후 햇빛에 말려 원상태로 정리해야 하고, 안전고리를 먼저 제거하고 한손으로 손잡이를, 다른 한손으로 노즐을 잡아야 한다이므로 정답은 D이다.

단어 消防栓 xiāofángshuān [명] 소화전 ｜ 着火 zháohuǒ 불이 나다 ｜ 展开 zhǎnkāi 펴다, 펼치다
一端 yīduān [명] 한 방면, 한쪽 ｜ 水闸 shuǐzhá [명] 수문 ｜ 火苗 huǒmiáo [명] 불꽃 ｜ 喷管 pēnguǎn [명] 노즐

아래 글을 읽고 A,B,C,D 네 개의 답안 중 가장 적합한 답을 한 개 고르세요.

86-87.

电子机票也称电子客票客服，是纸质机票的电子形式，是一种电子号码记录。电子机票将票面信息存储在订座系统中，可以像纸票一样执行出票、作废、退票、改签等操作。电子机票依托现代信息技术，实现无纸化、电子化的订票、结账和办理乘机手续等全过程。电子机票可以通过网络或者电话预订、购买。选择购票网站和机构，一定要是具有合格资质的单位。最好能够查看到是否具有正规的机票代理销售资格，是否有公司的备案信息。预订电子客票以后，可以通过现金、转账、支票、网络等方式支付，具体的支付方式是预订机构的情况而定。最为便捷的方式就是网上银行和第三方支付软件。

전자 티켓은 전자 승차권 서비스라고도 불린다, 종이티켓의 전자형식이며 전자번호 기록이다. 전자 티켓은 티켓에 있는 정보를 좌석 예매시스템에 저장해서 종이 티켓처럼 발권, 폐기, 환불, 변경 등이 가능하다. 전자 티켓은 현대정보기술을 빌려 무지화와 전자화 예매, 결제 그리고 체크인 등의 전 과정을 실현시켰다. 전자 티켓은 인터넷 혹은 전화를 통해 예약하고 구매할 수 있다. 티켓을 구매할 인터넷이나 기관을 선택할 때 반드시 인증된 구매처를 택해야 한다. 제일 좋은 것은 합법적인 티켓대리판매 자격이 있는지, 회사의 기록정보가 있는지를 봐야 한다.

전자 티켓을 예매한 후에는 현금, 계좌 이체, 수표, 인터넷 등 방식으로 결제할 수 있고 구체적인 결제 방식은 예매 기관의 상황에 따라 정해진다. 제일 간편한 방식은 역시 인터넷 뱅킹과 전자상거래프로그램 이다.

단어 客票 kèpiào [명] 승차권, 탑승권 | 客服 kèfú [명] 고객 서비스 | 存储 cúnchǔ [동] 저축하다, 저장하다

订座 dìngzuò [동] 좌석을 예매하다 | 执行 zhíxíng [동] 집행하다 | 作废 zuòfèi [동] 폐기하다

退票 tuìpiào 환불하다 | 改签 gǎiqiān 비행기표변경 | 依托 yītuō 의지하다, 빌리다

机构 jīgòu [명] 기구 | 备案 bèiàn 기록으로 남기다 | 转账 zhuǎnzhàng [동] 이체하다 | 支票 zhīpiào [명] 수표

便捷 biànjié [형] 간편하다.민첩하다

86.

关于电子机票说法正确的是：	전자티켓에 관한 설명 중 옳은 것은?
A 也称为纸质机票 B 不能执行改签操作 C 可以凭此办理乘机手续 D 只能通过网络预订	A 종이티켓이라고도 불린다. B 변경을 할 수 없다. C 체크인 절차를 진행할 수 있다. D 인터넷을 통해서만 예매 할 수 있다.

해설 본문에서 종이티켓의 전자형식이라고 하고, 변경이 가능하고 인터넷과 전화를 통하여 예매가 가능하며 체크인절차를 진행할 수 있다. 따라서 답은 C이다.

87.

下面选项中，不属于电子机票的支付方式的是：	아래 선택항목 중에서, 전자티켓의 지불방식에 속하지 않는 것은?
A 现金支付　　　B 手机支付 C 支票支付　　　D 网上支付	A 현금 결제 B 모바일 결제 C 수표 결제 D 인터넷 결제

해설 본문에서 **可以通过现金、转账、支票、网络等方式支付**(현금, 계좌 이체, 수표, 인터넷 등 방식으로 결제할 수 있다)이라고 하니 정답은 B 모바일결제이다.

国际及港澳台长途功能仅限全球通、动感地带、神州行升级版标准卡、畅听卡、5元卡、家园卡、无线座机卡客户办理。

全球通客户满足以下条件之一，可免预存开通，否则在开通此服务时，需要预存500元话费：您的号码累计积分达到5000分；您的号码近三个月内没有欠费停机且未办理过停机保号；您是全球通俱乐部会员或您名下的其它全球通号码具备免预存开通国际业务条件。2014年6月1日起，信用服务等级为3级及以上的客户，也可免预存开通此服务。

已实名制的动感地带、神州行客户手机账户总余额需大于或等于100元，未实名制客户手机账户总余额需大于或等于200元。2014年6月1日起，信用服务等级为3级及以上的预付费客户，可以免账户余额限制开通国际及港澳台长途功能。

国际及港澳台长途与国际及港澳台漫游、短期国际及港澳台漫游等业务无法同时办理。

국제 및 홍콩, 마카오, 대만 장거리전화 서비스는 글로벌통,동감지대,선쩌우행 업그레이드버전 일반 카드,창팅카드,5위안카드,찌아위안카드,무선전화카드고객에 한해서 처리됩니다.

글로벌통 고객께서는 고객의 번호의 누적 마일리지가 5000점에 달할 경우: 당신의 전화번호가 최근 3개월내에 미납이 되지 않았거나 아직 전화번호 정지보류가 되지 않았을 경우: 당신이 글로벌통 클럽의 회원이거나 소유하신 다른 글로벌통 번호가 국제업무 개통 시 예치금 면제의 조건을 갖추었을 때, 앞 조건의 하나를 만족시키면 개통 예치금을 면제 받을 수 있고, 그렇지 않으면 이 서비스를 개통 시 500위안의 요금을 예치하셔야 합니다. 2014년6월1일부터 신용서비스등급이 3급혹은 그 이상인 고객분도 개통 서비스 예치금을 면제 받을 수 있습니다.

실명으로 만든 동감지대와 선쩌우행 고객께서는 핸드폰 총 잔액이 100원 이상이어야 합니다. 아직 실명제가 아닌 고객께서는 핸드폰 총 잔액이 200원 이상이어야 합니다.2014년6월1일부터 신용서비스등급이 3급혹은 그 이상인 선불 고객께서는 잔액 제한을 면제받아 국제 및 홍콩, 마카오, 대만 장거리기능 개통을 하실 수 있습니다.

국제 및 홍콩, 마카오, 대만 장거리 전화 혹은 국제 및 홍콩, 마카오, 대만 로밍, 단기간의 국제 및 홍콩, 마카오, 대만 로밍등 업무는 동시에 신청할 수 없습니다.

단어 **全球通 quánqiūtōng** [명] 글로벌 이동통신 시스템, 월드폰 | **动感 dònggǎn** [명] 생동감

神州 shénzhōu [명] 중국 | **预存 yùcún** 예치, 부가 | **座机 zuòjī** [명] 일반전화 | **累计 lěijì** [동] 누계하다

积分 jīfēn [명] 누적 포인트 | **限制 xiànzhì** [동] 제한하다, 한정하다 | **漫游 mànyóu** [명] 로밍

88.

下面选项中，适合做文章标题的一项是：

A 国际及港澳台长途产品介绍
B 国际及港澳台长途办理条件
C 国际及港澳台长途办理方式
D 国际及港澳台长途资费标准

아래 선택항목 중 문장의 제목으로 적합한 것은?

A 국제 및 홍콩, 마카오, 대만 장거리전화 상품소개
B 국제 및 홍콩, 마카오, 대만 장거리전화 수속조건
C 국제 및 홍콩, 마카오, 대만 장거리전화 수속방식
D 국제 및 홍콩, 마카오, 대만 장거리전화 요금기준

해설 국제 및 홍콩, 마카오, 대만 장거리전화서비스는 어떤조건의 사용자에 의해서 처리가 되는지가 설명되어 있다. 따라서 답은 B이다.

단어 资费 zīfèi [명] (전신, 우편 행정 등의) 요금, 비용

89.

全球通俱乐部会员办理国际及港澳台长途功能业务时：

A 可免预存开通
B 可获得积分5000分
C 信用服务等级可自动升为3级
D 可同时办理国际长途和国际漫游业务

글로벌통 클럽회원이 국제 및 홍콩, 마카오, 대만 장거리전화 서비스업무를 처리할 때:

A 예치금을 면제받아 개통할 수 있다
B 마일리지5000점을 얻을 수 있다
C 신용서비스등급이 자동으로 3급으로 올라갈 수 있다
D 국제장거리와 국제로밍 서비스를 동시에 처리할 수 있다.

해설 위 본문에서 글로벌통 클럽회원이 국제 및 홍콩, 마카오, 대만 장거리전화 서비스업무를 처리할 때 예치금을 면제받아 개통할 수 있다고 되어있다.따라서 답은 A이다.

驾驶证考试	운전면허시험

驾驶证考试

一、报考内容

　　考试科目包括交通法规及相关知识、场地驾驶、道路驾驶等三项。考试科目的顺序按交通法规及相关知识（简称科目一）、场地驾驶（简称科目二）、道路驾驶（简称科目三）依次进行。在考试过程中，前一科目不及格，以下科目不再进行，每个科目考试有两次机会，两次都没有及格，本次考试终止。在学习驾驶证有效期间可以上交补考费用，学习之后再进行考试。

　　对于补考费用的介绍，补考费所交的费用是不一样的，科目一是60元，科目二是120元，科目三是180元。参加完科目一考试之后，三年之内应该通过科目二，科目三考试，如果不能通过，所考的内容作废，应该重新报名参加科目一考试。新考规之后，科目二、三均为五次机会，如在五次机会内不能通过考试之后，重新参加科目一考试。

二、合格标准

1.科目一：笔试，100分为满分，90分以上为合格。

2.科目二：场内，实车。只分合格和不合格。实行5项必考，包括桩考，侧方位停车，坡道定点停车和起步，直角拐弯，曲线行驶。五项必考项目全部通过，才能通过科目二考试。

3.科目三：公路或模拟场地，实车。考试全部实行电子眼监控考试，路考考试

운전면허시험

一.응시내용

　응시과목은 교통법규 및 관련지식,장내 주행, 도로주행 세 가지이다.

응시과목은 교통법규 및 상관지식 (과목1로 약칭함), 장내 주행(과목2로 약칭함),

도로 주행(과목3로 약칭함) 순서로 진행함. 시험 과정 중, 한 과목 불합격 시, 다음 과목은 진행하지 않고 매 과목시험은 두 번의 기회가 있다, 두 번 다 불합격 시 본 시험은 종료된다.

면허시험 교습 유효기간 내 추가시험 비용을 낼 수 있으며 교습이 끝나고 추가 시험을 볼 수 있다.

　추가 시험비용에 대한 소개로, 추가시험비용은 모두 다른데 과목1은 60위안, 과목2는 120위안, 과목3은 180위안이다.

과목1시험을 참가한 후 3년 이내에 과목2,과목3 시험을 통과해야 하며, 만약 통과를 하지 못할 시에는 모든 시험 결과는 폐기 처리되며 과목1시험부터 다시 시험을 봐야 한다. 새로운 시험 규정 이후, 과목2, 과목3은 다섯 번의 기회가 있으며 다섯 번의 기회 내에 통과를 못할 시 과목1부터 다시 봐야 한다.

二. 합격기준

1. 과목1: 필기시험,100점 만점에 90점이상 합격.

2.과목2:장내 주행시험.합격 불합격으로 나뉘며 장애물시험, 평행주차, 경사로에서 멈춘 후 주행하기,직각으로 방향전환 하기, S자 주행 다섯 가지 항목을 실시 한다. 다섯 가지 시험을 전부 통과해야만 과목2시험을 통과할 수 있다.

3.과목3: 도로 주행 및 모의 주행장 시험. 도로주행시험의 공정성을 더하기 위해 모든 시험에 감시카메라로 진행. 2013년1월1일 신 교통법 실시 이후 조명등 사용 시험, 좌우 커브 및 횡단보도 통과 등 항목을 추가했고, 도로

更加公正。自2013年1月1日新交规实施
以来，考试增加了灯光使用考试、左右
拐弯以及通过人行横道等项目，路考之
后增加安全文明驾驶常识理论考试，
与科目一不同的地方就是增加了图片
分析、判断。考试有50道题，每道题2
分。满分100分，90分及以上合格。

주행시험 이후 안전문화 운전 상식이론시험
이 추가 되었다. 과목1과 다른 점이 바로 도
로 표지판 분석과 판단이다. 시험은 50문제가
있으며 매 문제는 각 2점으로 100점 만점에
90점 이상 합격이다.

단어　**驾驶证 jiàshǐzhèng** [명] 운전면허증　|　**报考 bàokǎo** [동] 시험에 응시하다　|　**科目 kēmù** [명] 과목

场地 chǎngdì [명] 시험장　|　**依次 yīcì** [부] 순서대로　|　**上交 shàngjiāo** [동] 상부에 넘기다

坡道 pōdào [명] 언덕길　|　**定点 dìngdiǎn** [형] 고정적인, 지정의　|　**拐弯 guǎiwān** 커브를 돌다

模拟 mónǐ [동] 모방하다, 모의　|　**监控 jiānkòng** [동] 감독하고 제어하다, 모니터링

90.

新考规之后，道路驾驶考试有几次机
会：

A 两次　B 三次　C 四次　D 五次

새로운 시험규정 후의 도로주행시험은 몇 번
의 기회가 있는가?

A 두 번　B 세 번　C 네 번　D 다섯 번

해설　본문에서 새로운 시험규정 이후에 과목2,3의 주행시험 5번의 기회가 있다고 되어있다. 따라서 답은 D이다.

91.

场地驾驶考试不包括的项目是：

A 左右拐弯　　　　B 曲线行驶
C 直角拐弯　　　　D 侧方位停车

장내주행시험에서 포함하지 않는 항목은?

A 좌,우회전 커브
B S자 주행
C 직각 커브
D 평행 주차

해설　본문에서 桩考, 侧方位停车, 坡道定点停车和起步, 直角拐弯, 曲线行驶(장애물시험, 평행주차, 경사로에서 멈춘
후 주행하기,직각으로 방향전환 하기, S자 주행)이렇게 5가지 시험이 있다. 아닌 것은 A 左右拐弯이다.

92.

关于驾驶证考试说法正确的是：

A 驾驶证考试的总费用是360元
B 所有考试科目都是90分以上合格
C 道路考试之后将会进行一次理论考试
D 参加完场地驾驶考试后应在三年内通
  过道路考试

운전면허시험과 관련하여 옳은 것은?

A 면허증 시험 총 비용은 360위안이다.
B 모든 시험 과목은 90점이상이 합격이다.
C 도로주행시험 완료 후 이론시험을 한번 실
  시·한다.
D 장내시험 참가 후 3년 이내 도로주행시험
  을 통과해야 한다.

해설 보충시험의 총비용이 360이안이고, 필기시험만 90점 이상이고, 도로주행시험 후 안전문화 운전상식이론시험을 보고,과목1 필기시험이후에 장내시험이나 도로주행시험을 3년이내에 보아야한다. 따라서 답은 C이다.

圆圆和晶晶是两个非常喜欢画画的孩子。圆圆妈妈给了圆圆一叠纸，一捆笔和一面墙，她告诉圆圆："你的每一张画都要贴在墙上，给来我们家的客人看；而晶晶妈妈却给了晶晶一叠纸，一捆笔和一个纸篓，她告诉晶晶她所有的画都必须扔进纸篓，不论他满意还是不满意。三年之后，圆圆办了一个画展，一墙的画，人人见了都赞扬，而晶晶却不能办展览，因为她只有一纸篓的画，满了就倒掉。三十年之后，人们对圆圆一墙一墙的画已不感兴趣，而晶晶的画却横空出世，震惊了画坛。人们把圆圆贴在墙上的画撕下来，把晶晶的画贴上去了。

我从中读到了许多人生的真谛，人急于表现自己的结果会一事无成，我们必须虚心，一步一个脚印地向自己的目标前进。

위엔위엔과 징징 두 아이는 그림 그리기를 아주 좋아하는 아이다. 위엔위엔의 엄마는 위엔위엔에게 종이 한 묶음과 연필 한 묶음, 그리고 한 면의 벽면을 주며 말했다 "너가 그리는 매 그림을 벽에 붙이고 우리 집에 오는 손님들에게 보여줘" 하지만 징징의 엄마는 징징에게 종이 한 묶음, 연필 한 묶음, 그리고 종이 휴지통을 주며 징징이에게 그녀가 그린 그림은 만족스럽든 만족스럽지 않든, 반드시 모두 휴지통에 버려야 한다고 했다. 3년이 지난 후, 위엔위엔은 그림 전람회를 열었고, 벽에 가득 찬 그림을 본 사람들은 모두 칭찬을 했다, 하지만 징징은 그림 전람회를 열지 못했다, 왜냐하면 징징은 휴지통에 그림이 가득 차면 버렸기 때문이다. 30년이 지난 후 사람들은 위엔위엔이 벽마다 붙인 그림에 이미 관심이 없었고, 혜성처럼 등장한 징징의 그림이 미술계를 놀라게 했다. 사람들은 위엔위엔이 벽에 붙인 그림을 뜯어 내고, 징징의 그림을 붙였다.

나는 이 글에서 인생의 참뜻을 배웠다, 사람이 자신의 결과물을 드러내는데 급급하면 결국 한가지 일도 이루지 못한다, 우리는 겸허하게 한 걸음 한 발짝씩 자신의 목표로 향해 나아가야 한다.

단어　纸篓 zhǐlǒu [명] 종이 휴지통　ㅣ　横空出世 héngkōng chūshì 〔비유〕비범하다, 탁월하다, 특출하다

震惊 zhènjīng [동] 놀래다, 놀라게 하다　ㅣ　撕 sī [동] 찢다, 뜯다　ㅣ　真谛 zhēndì [명] 진실한 이치

一事无成 yīshì wúchéng 〔성어〕어떤 일도 이루지 못하다　ㅣ　虚心 xūxīn [형] 겸허하다

93.

<table>
<tr><td>

这两位妈妈是怎么样的人?

A 热衷于开办展览会
B 支持孩子画画
C 喜欢听孩子说的话
D 很骄傲的人

</td><td>

이 두 엄마는 어떠한 사람입니까?

A 그림 전람회를 여는 것을 절실히 바란다.
B 아이의 그림 그리기를 응원한다.
C 아이가 하는 말을 듣는 것을 좋아한다.
D 거만한 사람이다.

</td></tr>
</table>

해설 두엄마 모두 자녀에게 그림 그리는 도구를 제공해주었다. 따라서 답은 B 支持孩子画画이다.

단어 热衷 rèzhōng [동]간절히 바라다, 열중하다 | 支持 zhīchí [동] 버티다, 지지하다

骄傲 jiāoào 자만하다, 자랑스럽다

94.

<table>
<tr><td>

与这篇文章文意相符的标题是?

A 人生重在抓准时机
B 学会宣传自己
C 知名度的重要性
D 要学会谦虚等待

</td><td>

위 글의 의미와 부합하는 제목은?

A 인생은 타이밍을 잡는 것이 중요하다.
B 자신을 홍보하는 법을 배우다.
C 지명도의 중요성.
D 겸허하게 기다리는 법을 배워야 한다.

</td></tr>
</table>

해설 문장 끝부분에 화자의 주제가 드러나있다.我们必须虚心, 一步一个脚印地向自己的目标前进(우리는 겸허하게 한 걸음 한 발짝씩 자신의 목표로 향해 나아가야 한다.) 따라서 답은 D 이다

단어 谦虚 qiānxū [형] 겸허하다, 겸손하다

95-96.

　　鱼贝类与陆上的动物不一样，鲜度非常容易下降，所以在选购时要特别注意海鲜的鲜度，保存以前则要做一些适当的处理。

　　1、鱼类的处理方式是先将鳃、内脏和鱼鳞去除，以自来水充分洗净，再根据每餐的用量进行切割分装，最后再依序放入冷柜内贮存；

　　2、虾仁则可以先行去除砂筋，洗净后先用干布把虾仁擦干，加入味精及蛋白、太白粉、色拉油浆好，放入冷柜加以保存，而带壳的虾只须清洗外表就可冷冻或冷藏。蟹类相同；

　　3、蚌壳类买回后先以清水洗一次再放入注满清水及加入一大匙盐的盆内吐砂。冷冻的扇贝、孔雀贝等可直接送入冷冻或冷藏。

　　어패류는 육지동물과 다르다, 신선도가 굉장히 쉽게 떨어지기 때문에 구매를 할 때 해산물의 신선도를 특별히 주의해야 하며, 보존 이전에 적당한 처리를 해야 한다.

　　1. 어류의 처리방식은 먼저 아가미, 내장과 비늘을 제거하고, 수돗물로 충분히 깨끗하게 씻는다, 그리고 매 번 식사량에 따라 잘라서 분리포장을 한다, 마지막으로 순서에 따라 냉동실에 넣어 보관한다

　　2. 생새우살은 내장을 먼저 없앤 후에 깨끗이 세척 후 마른 수건으로 생새우살을 닦은 뒤, 조미료 및 흰자 가루, 녹말가루, 샐러드 유에 묻혀 냉동실에 넣어 보관한다, 껍질이 있는 새우는 껍데기만 깨끗이 세척하면 바로 냉동,냉장 보관할 수 있다, 게 종류도 같다.

　　3. 조개류는 사온 뒤에 먼저 맑은 물로 세척을 한 번 하고 다시 맑은 물을 가득 채운 후 소금 큰 스푼으로 한번을 넣어서 해감을 해야 한다. 냉동 가리비, 웅피조개는 바로 냉동,냉장 보관할 수 있다.

단어　鲜度 xiāndù [명] 신선도　|　适当 shìdàng [형] 적당하다, 알맞다　|　鳃 sāi [명] 아가미　|　鱼鳞 yúlín [명] 비늘

去除 qùchú [동] 없애다, 제거하다　|　切割 qiēgē [동] (칼로) 자르다, 절단하다　|　分装 fēnzhuāng [동] 나누어 담다

冷柜 lěngguì [명] 냉장고　|　贮存 zhùcún [동] 저장하다, 저축하다　|　虾仁 xiārén [명] 생새우살

味精 wèijīng [명] 화학조미료　|　太白粉 tàibáifěn [명] 녹말가루　|　壳 ké [명] (단단한) 껍데기, 껍질　|　蟹 xiè [명] 게

蚌壳 bàngké [명] 조개 껍질　|　扇贝 shànbèi [명] 가리비

95.

下面选项中，不属于海鲜类的是：

A 海参　　　　　　　B 基围虾
C 扇贝　　　　　　　D 鸭肉

아래 항목 중, 해산물에 속하지 않는 것은:

A 해삼　　　　　　　B 홍새우
C 가리비　　　　　　D 오리고기

해설 질문에서 해산물이 아닌 것은 이라고 했다. 답은 D 鸭肉 (오리고기)이다.

단어 基围虾 jīwéixiā [명] 홍새우의 일종

96.

选购蟹类时，应当：

A 注意海鲜的鲜度
B 用自来水充分冲洗
C 用干布擦干后浆好
D 清水冲洗后加盐吐砂

게 종류를 선택 구입할 때, 마땅히 해야 하는 것은:

A 해산물의 신선도에 주의한다.
B 수돗물로 충분히 씻는다.
C 마른 수건으로 닦은 후 소스에 재운다.
D 맑은 물로 씻은 후 소금을 넣어 해감을 한다.

해설 본문 앞부분에 어패류는 **选购时要特别注意海鲜的鲜度** (구매를 할 때 해산물의 신선도를 특별히 주의해야 하며)이렇게 되어있다. 그러므로 답은 A이다.

　　北京小米科技有限责任公司成立于2010年4月，是一家专注于智能硬件和电子产品研发的移动互联网公司。小米公司首创了用互联网模式开发手机操作系统、发烧友参与开发改进的模式。

　　2014年12月14日晚，美的集团发出公告称，已与小米科技签署战略合作协议，小米12.7亿元入股美的集团。2015年9月22日，小米在北京发布了新品小米4c，这款新品由小米4i升级而来，配备5英寸显示屏，搭载骁龙808处理器，号称安卓小王子。

　　2016年7月27日的发布会上小米笔记本终于正式亮相，这款产品叫做小米笔记本Air。小米标榜的企业文化是：没有森严的等级，每一位员工都是平等的，每一位同事都是自己的伙伴。

　　小米崇尚创新、快速的互联网文化。讨厌冗长的会议和流程，在轻松的伙伴式工作氛围中发挥自己的创意。公司相信用户就是驱动力，坚持"为发烧而生"的产品理念。

베이징 샤오미 테크놀로지 주식회사는 2010년 4월에 창립되었으며, 전문적으로 스마트 하드웨어와 전자제품을 개발하는 모바일 인터넷회사이다. 샤오미 회사는 첫 번째로 인터넷모드로 휴대폰운영시스템을 개발하고 매니아들이 참여하여 개발을 개선하는 모드를 창조했다.

2014년12월14일 밤, 미디어그룹은 이미 샤오미 테크놀로지와 전략협력협의를 체결했다고 공지했고 샤오미는 미디어그룹의 12.7억 위안의 주식을 샀다.

2015년9월22일, 샤오미는 베이징에서 신제품 샤오미4c를 발표했으며, 이 신제품은 샤오미4i에서 업그레이드 된 제품으로, 5인치 화면과 샤오룽808CPU를탑재하고 있으며, 안드로이드 어린 왕자라는 호칭이 붙었다.

2016년7월27일에 발표회에서 샤오미 노트북이 드디어 모습을 드러냈는데, 이 제품은 샤오미 노트북Air라고 부른다.

샤오미가 표방하는 기업문화는: 엄격한 계급이 없고 모든 직원이 평등하며, 모든 동료가 자신의 친구다.

샤오미는 창의적, 신속한 인터넷 문화를 숭배하며 길고 지루한 회의와 과정을 싫어한다. 가볍고 친구 사이 같은 업무 분위기에서 자신의 창의력을 발휘하게 한다.
회사는 고객이 곧 원동력이라 믿고 "타오르기 위해 태어났다"라는 제품신념을 고수한다.

단어　专注 zhuānzhù [형] 집중하다, 전념하다　ㅣ　研发 yánfā [동] 연구 제작하여 개발하다　ㅣ　模式 móshì [명] 패턴, 유형

发烧友 fāshāoyǒu [명] 마니아(mania)　ㅣ　签署 qiānshǔ [동] 서명하다, 조인하다,

配备 pèibèi [동] 배치하다, 장비하다　ㅣ　搭载 dāzài [동] 탑재하다　ㅣ　亮相 liàngxiàng 공개적으로 모습을 드러내다

标榜 biāobǎng [동] 표방하다, (서로) 치켜세우다　ㅣ　森严 sēnyán [형] 빈틈없다, 삼엄하다

崇尚 chóngshàng [동] 숭배하다, 존중하다　ㅣ　冗长 rǒngcháng [형] 쓸데없는 말이 많고 지루하다

氛围 fēnwéi [명] 분위기　ㅣ　驱动 qūdòng [동] 움직이다, 구동하다

97.

<table>
<tr><td>

根据本文，下面哪个说法是对的？

A 小米希望用户都能成为工作伙伴。
B 为了创新，经常长时间进行会议让工作伙伴发挥创意。
C 小米最早开发的产品是安卓。
D 小米接受志同道合者参加产品开发改进

</td><td>

본문에 근거하여, 아래 설명 중 옳은 것은?

A 샤오미는 사용자가 모두 직장동료가 되길 바란다.
B 혁신을 위해 자주 오랜시간 회의를 하며 직장동료에게 창의력을 발휘하게 한다.
C 샤오미가 최초로 개발한 제품은 안드로이드다.
D 샤오미는 뜻이 같은 자를 제품개발개선에 참여하게 한다.

</td></tr>
</table>

해설 본문에서 **发烧友参与开发改进的模式** (메니아가 제품개발개선에 참여한다)라고 되어있으므로 답은 D이다.

단어 **志同道合** zhìtóng dàohé 〔성어〕 의기가 투합하고 지향하는 바가 같다, 뜻이 같고 의견이 맞다

98.

<table>
<tr><td>

本文提到几种小米开发的产品？

A 一种　B 两种　C 三种　D 四种

</td><td>

본문에서 언급된 샤오미가 개발한 제품 개수는?

A 1종　　B 2종　　C 3종　　D 4종

</td></tr>
</table>

해설 본문에서 샤오미는 베이징에서 신제품 샤오미4c를 발표하고 샤오미4i로 업그레이드 시키고 샤오미 노트북Air를 출시했다. 그러므로 답은 C 이다.

99-100.

今天一早有位市民给我们打来电话说，二环东路天外村附近，一辆满载碎石的大货车，由南向北冲下，撞在了一个加油站附近的电线杆上。由于撞击力巨大，电线杆被拦腰折断，地面被撞出了一个大坑，车头被压扁，车辆的两个前车轮掉落。当交警和消防官兵赶到现场后，从驾驶室中被救出的大货车司机已经没有了生命体征。

我们赶到这里时，只看到这辆损坏严重的大货车和地上残留的血迹，另外，还发现撞断的电线杆导致加油站附近的两辆私家车和一辆工程车也不同程度受损。一位当地居民向我们介绍说："这个路段一路下坡，被叫做'怪坡'，经常发生事故。我骑车电动车，不用加油门，就能溜下去。"

看到这么惨烈的事故，我们特别提醒电视机前的观众，特别是咱们的大货司机，不管什么时候、什么地点开车，都得谨慎驾驶，安全第一。

오늘 이른 아침부터 시민 한 분이 우리에게 전화를 걸어 얼환동로 톈와이촌 부근에 자갈을 가득 실은 대형화물차가 남쪽에서 북쪽으로 달려가 주유소 부근에 전봇대를 들이 박았다고 말했습니다.

거대한 충격으로, 전봇대는 허리가 꺾이고 지면에는 큰 구멍이 생겼으며, 차의 앞 부분은 납작하게 눌렸고 차량의 앞 바퀴 두 개가 떨어졌습니다. 교통경찰과 소방관이 현장에 도착한 후에 운전석에서 구출된 대형 화물차 기사는 이미 생명을 잃은 상태였습니다.

우리가 서둘러 도착했을 때는 심각하게 훼손된 대형화물차와 바닥에 남아있는 핏자국 밖에 안보였으며 부딪혀서 끊어진 전봇대로 인해 주유소 근처의 자가용차 두 대와 공사 차량 한 대도 다른 정도의 망가진 것을 발견할 수 있었습니다. 한 명의 현지 주민은 저희에게: "이 길은 계속 내리막길 이어서 사고가 자주 발생합니다, 그래서'괴상한 비탈길'로 불려요. 여기서 전동차를 타면 가속페달을 안 밟아도, 미끄러져 내려갈 수 있어요" 라고 설명했습니다.

이렇게 참혹한 사고를 보고나니 우리는 텔레비전 앞에 시청자 여러분에게 각별히 당부를 드리고 싶습니다, 특히 우리 화물기사님들은 어느 때든 어느 곳에서든 조심히 운전하길 바라며 안전을 최우선으로 해야 합니다.

단어 满载 mǎnzài [동] 가득 싣다 ｜ 碎石 suìshí [명] 자갈 ｜ 电线杆 diànxiàngān [명] 전봇대

折断 zhéduàn [동] 절단하다, 끊다, 꺾다 ｜ 体征 tǐzhēng [명] 병증 ｜ 残留 cánliú [동] 남다, 잔류하다

受损 shòusǔn [동] 손해를 입다, 손실을 보다 ｜ 油门 yóumén [명] 가속 페달 ｜ 惨烈 cǎnliè [형] 매우 처참하다

谨慎 jǐnshèn [형] 신중하다, 조심스럽다

99.

<table>
<tr><td>

这段话最可能是什么人说的？

A 当地居民
B 一位市民
C 处理事故的交通警察
D 电视台出现场的记者

</td><td>

이 말은 누가 말했을 가능성이 큰가?

A 현지 주민
B 시민 한 분.
C 사고를 처리하는 교통경찰.
D 현장에 나간 기자.

</td></tr>
</table>

해설 본문 내용을 살펴보면 뒷부분에 **我们特别提醒电视机前的观众** (우리는 텔레비전 앞 시청자 여러분에게 각별히 주의를 주고 싶습니다)에서 알 수 있듯이 기자일 가능성이 높다. 따라서 답은 D 이다.

100.

<table>
<tr><td>

下面哪种情况不是交通事故造成的？

A 货车司机的死亡
B 路面呈现为怪坡
C 路面出现了大坑
D 其他车辆受到碰撞

</td><td>

아래 어떤 상황이 교통사고로 생긴 게 아닌가?

A 화물차기사의 사망.
B 도로에 이상한 비탈길이 나타났다.
C 도로에 큰 구멍이 생겼다.
D 다른 차량이 충돌을 받았다.

</td></tr>
</table>

해설 본문에서 이사고로 화물차기사는 사망을 하고, 전봇대가 쓰러지며 큰 구멍이 생기고,개인차량 두대와 공사차량 한대가 망가진 것을 알수있다. 그러므로 답은 B 이다

단어 呈现 chéngxiàn [동] 나타나다, 드러나다, 보이다